IGCSE 0523 Chinese as
a Second Language:
Mock Exam Papers for Listening

IGCSE 0523
中文作为第二语言
听力模拟试卷

钱　召（Aaron Qian）
吴婧婧（Audrey Wu）／编著

北京大学出版社
PEKING UNIVERSITY PRESS

图书在版编目(CIP)数据

IGCSE0523中文作为第二语言听力模拟试卷 / 钱召, 吴婧婧编著. —北京：北京大学出版社, 2021.10

ISBN 978-7-301-32002-0

Ⅰ.①I… Ⅱ.①钱…②吴… Ⅲ.①汉语—对外汉语教学—习题集 Ⅳ.①H195.6

中国版本图书馆CIP数据核字(2021)第032746号

书　　名	IGCSE 0523 中文作为第二语言听力模拟试卷
	IGCSE 0523 ZHONGWEN ZUOWEI DI-ER YUYAN TINGLI MONI SHIJUAN
著作责任者	钱　召（Aaron Qian）　吴婧婧（Audrey Wu）　编著
责任编辑	路冬月
标准书号	ISBN 978-7-301-32002-0
出版发行	北京大学出版社
地　　址	北京市海淀区成府路205号　100871
网　　址	http://www.pup.cn　新浪微博：@北京大学出版社
电子信箱	zpup@pup.cn
电　　话	邮购部 010-62752015　发行部 010-62750672　编辑部 010-62753374
印 刷 者	三河市博文印刷有限公司
经 销 者	新华书店
	889毫米×1194毫米　大16开本　11印张　246千字
	2021年10月第1版　2021年10月第1次印刷
定　　价	56.00元

未经许可，不得以任何方式复制或抄袭本书之部分或全部内容。
版权所有，侵权必究
举报电话：010-62752024　电子信箱：fd@pup.pku.edu.cn
图书如有印装质量问题，请与出版部联系，电话：010-62756370

前　言

IGCSE（全称：International General Certificate of Secondary Education）又名"国际中学教育普通证书"，由英国剑桥大学创立，是针对 14 岁至 16 岁学生的国际普通中学教育认证。IGCSE 包括三种不同类型的中文课程，分别是中文作为第一语言（0509）、中文作为第二语言（0523）、中文作为外语（0547）。其中，IGCSE 中文作为第二语言（0523）的课程难度介于中文作为第一语言（0509）和中文作为外语（0547）这两个等级之间，是为已经具备基础语言知识，并希望巩固、发展语言技能的学习者设计的。自 2019 年起，开始实行新大纲教学，根据新大纲要求所进行的首次考试于 2020 年举行。与旧大纲相比，新大纲新增听力理解考试。听力理解考试为试卷（二），时间 35—45 分钟，共 30 分，占总分的 20%。值得注意的是，该考试以考察考生听力理解为主，并不是写作能力，故允许考生使用不引起歧义的拼音来作答。

听力理解考试的题目类型包括简答题、填空题、信息改正题、选择题。考生要能够理解不同语料中的事实与看法，比如语音留言、新闻报道、广播、天气预报、旅行通知、采访、讲座、演讲等。

根据 IGCSE 中文作为第二语言（0523）的考试大纲，听力理解考试主要考查学生以下四项技能：

第一，辨别与选择相关信息。
第二，理解观点、看法以及态度。
第三，能够理解观点、看法以及态度之间的联系。
第四，能够理解隐含义、非直接陈述的观点。比如：通过说话人的语气与语调，能够明白说话人的意图、情感。

整个听力理解考试分为以下四个部分：
练习一为简答题，考生会听到六个短的录音，包括旅行通知、语音留言、简短对话等。共 6 分。

练习二为填空题，考生会听到一段较长的录音，包括采访、演讲、报道等。考生需要在所提供的空白处填写词或短语，共 8 分。

练习三为信息改错题。考生会听到一段较长的录音，包括采访、演讲、报道等。考生需要改正题目中错误的信息，共 8 分。

练习四为选择题，考生会听到一段长对话，考生需要根据所给问题从三个选项中选出唯一正确答案，共 8 分。

无论是教师还是学生，都需要进一步了解 IGCSE 0523 听力理解考试的内容与形式。有鉴于此，笔者根据官方考试大纲，参照官方样题的难度与题型编成本书，共包括十二套模拟试题，并提供了听力文本以及参考答案。本书选材力求涵盖 IGCSE 0523 考试的相关话题，贴近学生生活并体现当下热门话题。

目 录

听力模拟试卷（一）……………………………………………………………………………… 1
听力模拟试卷（二）……………………………………………………………………………… 9
听力模拟试卷（三）……………………………………………………………………………… 17
听力模拟试卷（四）……………………………………………………………………………… 25
听力模拟试卷（五）……………………………………………………………………………… 33
听力模拟试卷（六）……………………………………………………………………………… 41
听力模拟试卷（七）……………………………………………………………………………… 49
听力模拟试卷（八）……………………………………………………………………………… 57
听力模拟试卷（九）……………………………………………………………………………… 65
听力模拟试卷（十）……………………………………………………………………………… 73
听力模拟试卷（十一）…………………………………………………………………………… 81
听力模拟试卷（十二）…………………………………………………………………………… 89

听力模拟试卷（一）听力文本及答案…………………………………………………………… 96
听力模拟试卷（二）听力文本及答案…………………………………………………………… 102
听力模拟试卷（三）听力文本及答案…………………………………………………………… 108

听力模拟试卷（四）听力文本及答案 …………………………………………………… 114

听力模拟试卷（五）听力文本及答案 …………………………………………………… 120

听力模拟试卷（六）听力文本及答案 …………………………………………………… 126

听力模拟试卷（七）听力文本及答案 …………………………………………………… 132

听力模拟试卷（八）听力文本及答案 …………………………………………………… 138

听力模拟试卷（九）听力文本及答案 …………………………………………………… 144

听力模拟试卷（十）听力文本及答案 …………………………………………………… 150

听力模拟试卷（十一）听力文本及答案 ………………………………………………… 156

听力模拟试卷（十二）听力文本及答案 ………………………………………………… 162

IGCSE CHINESE AS A SECOND LANGUAGE

Listening Mock Examination 1

听力模拟试卷（一）

Approximately 35–45 minutes

You must answer on the question paper.

No additional materials are needed.

INSTRUCTIONS

- Do not open this booklet until instructed to do so.
- Answer all questions.
- Dictionaries are not allowed.
- Write your answer to each question in the space provided.
- The maximum mark for this mock examination paper is [30 marks].
- The number of marks for each question or part question is shown in brackets [   ].

答题时所使用的沟通语言的质量不影响分数。当你以汉字或者拼音回答所有的问题时，只要是可以理解的回答都将被接受。

练习一，问题 1 至 6

你将听到六段录音，每段录音两遍。请在相应的横线上回答问题1至6。回答应简短扼要。每段录音后会有停顿，请在停顿期间阅读问题。

1 这位男士大约还需要等多久？

.... [1]

2 张伟现在心情怎么样？

.... [1]

3 妈妈提醒李明在家要做什么？

.... [1]

4 这位主持人提到导致青少年睡眠问题的原因有几个？

.... [1]

5 地铁公司为受影响的乘客提供了什么？

.... [1]

6 请问俊杰在哪里做过演讲？

.... [1]

[总分：6]

练习二，问题 7(a)–(h)

你将听到一位老师关于宅文化的介绍。你将听到两遍。请听录音，然后回答问题。请先阅读一下问题。

宅文化

(a) 宅男宅女们不喜欢外出，喜欢 .... 待在自己的家里。 [1]

(b) 现在很多青年把"宅"在家里当成一种时髦的 .... 。 [1]

(c) 喜欢"宅"在家里的人不喜欢别人 .... 他们的生活。 [1]

(d) 宅男宅女们通常不喜欢找一份 .... 的工作，有些甚至不打算出去找工作。 [1]

(e) 大多数宅男宅女是自由职业者，比如艺术家、自由撰稿人、.......................... 等。 [1]

(f) 他们生活的目的是享受眼前，而不是 .... 。 [1]

(g) 宅男宅女们内心常感到孤单、无助，这增加了他们患上 .... 的概率。 [1]

(h) 有些人遇到事业的挫折，选择当宅男宅女来 .... 社会。 [1]

[总分：8]

练习三，问题 8(a)–(h)

你将听到一位老师关于学生出国游学的介绍。你将听到两遍。请根据听到的信息改正每句话里画线的词语，把答案写在括号里。

请先阅读一下问题。

例： 最近，大家都在<u>讨论</u>"全班只有我儿子没出过国"的新闻。
最近，大家都在（　热议　）"全班只有我儿子没出过国"的新闻。

(a) 很多中国父母选择在<u>暑假</u>送孩子去海外游学。

很多中国父母选择在（............）送孩子去海外游学。 [1]

(b) 这些孩子离开自己的国家，来到<u>其他</u>的国家，可以学到很多教室里学不到的知识。

这些孩子离开自己的国家，来到（............）的国家，可以学到很多教室里学不到的知识。 [1]

(c) 参观著名的景点和<u>学习</u>当地的风俗文化是游学一定会有的行程。

参观著名的景点和（............）当地的风俗文化是游学一定会有的行程。 [1]

(d) 为了让孩子有机会沉浸在英语的环境中，很多父母把孩子送到<u>澳大利亚</u>游学。

为了让孩子有机会沉浸在英语的环境中，很多父母把孩子送到（............）游学。 [1]

(e) 通过去欧美课堂听课，参加游学的学生对西方的教学方式更<u>明白</u>了。

通过去欧美课堂听课，参加游学的学生对西方的教学方式更（............）了。 [1]

(f) 学生们提早参观名校，会对名校更加向往，增强学习的<u>兴趣</u>。

学生们提早参观名校，会对名校更加向往，增强学习的（............）。 [1]

(g) 学生在游学中没有深入接触当地文化，那么游学和<u>出国游玩</u>区别不大。

学生在游学中没有深入接触当地文化，那么游学和（............）区别不大。 [1]

(h) 只有**选择**好游学行程，提早做好准备，游学才会更有意义。

只有（............）好游学行程，提早做好准备，游学才会更有意义。 [1]

[总分：8]

练习四，问题 9(a)–(h)

你将听到一段对作家石悦的采访。

请听下面的采访，你将听到两遍，在唯一正确的方格内打钩（√）回答问题。

请先阅读一下问题。

(a) 石悦大学的时候学什么专业？

　　A　文学　☐

　　B　法学　☐

　　C　历史　☐ [1]

(b) 石悦几岁开始接触历史？

　　A　10 岁　☐

　　B　35 岁　☐

　　C　25 岁　☐ [1]

(c) 买《上下五千年》的时候，石悦觉得这本书............。

　　A　很昂贵　☐

　　B　很便宜　☐

　　C　物超所值　☐ [1]

(d) 石悦中学时读完了下面什么书？

A 《上下五千年》 ☐

B 《明朝那些事儿》 ☐

C "二十四史" ☐ [1]

(e) 中学时，读历史书给石悦带来哪些好处？

A 学术方面超越了历史系的学生 ☐

B 历史成绩一直都很好 ☐

C 与老师一起读历史 ☐ [1]

(f) 石悦刚开始写历史书的时候，身边的人是什么态度？

A 妻子希望他放弃工作去写书 ☐

B 父母没有因为写书而批评他 ☐

C 朋友觉得会影响家庭和工作 ☐

(g) 石悦为什么辞掉了律师的工作？

A 老师建议他继续写书 ☐

B 有很多书要写，很忙 ☐

C 要照顾家庭 ☐ [1]

(h) 石悦什么时候感觉非常棒？

A 看到读者抢购他的新书 ☐

B 写历史书的时候 ☐

C 赚了很多钱 ☐ [1]

[总分：8]

IGCSE CHINESE AS A SECOND LANGUAGE

Listening Mock Examination 2

听力模拟试卷（二）

Approximately 35–45 minutes

You must answer on the question paper.

No additional materials are needed.

INSTRUCTIONS

- Do not open this booklet until instructed to do so.
- Answer all questions.
- Dictionaries are not allowed.
- Write your answer to each question in the space provided.
- The maximum mark for this mock examination paper is [30 marks].
- The number of marks for each question or part question is shown in brackets [   ]

答题时所使用的沟通语言的质量不影响分数。当你以汉字或者拼音回答所有的问题时，只要是可以理解的回答都将被接受。

练习一，问题 1 至 6

你将听到六段录音，每段录音两遍。请在相应的横线上回答问题1至6。回答应简短扼要。每段录音后会有停顿，请在停顿期间阅读问题。

1　这个男生在还书之前几天会收到通知？

　　..[1]

2　王先生用什么方式向广播员反映情况？

　　..[1]

3　王晴喜欢电影里的谁？

　　..[1]

4　去年陈老师在哪里有太极拳表演？

　　..[1]

5　大卫现在的心情怎么样？

　　..[1]

6　谁可能还没有逃出来？

　　..[1]

[总分：6]

练习二，问题 7(a)-(h)

你将听到一位教育专家谈论亲子间代沟的问题。你将听到两遍。请听录音，然后回答问题。

请先阅读一下问题。

亲子间代沟

(a) 为了了解亲子间代沟问题，香港社会福利署对 2,000 名青少年做了 ....。 [1]

(b) 超过百分之 .... 的青少年认为自己和父母之间有代沟问题。 [1]

(c) 青少年认为自己不是小孩子了，应该独立思考，自己 ....。 [1]

(d) 由于父母忽视了青少年的 .... ，造成了他们之间的冲突。 [1]

(e) 大多数青少年都喜欢用手机，而父母却只重视他们的 ....。 [1]

(f) 父母偷偷查看孩子的手机，是为了防止孩子结交 ....。 [1]

(g) 对于父母在社交媒体上查看自己的日常活动，青少年很 ....。 [1]

(h) 代沟不但会导致家庭不和谐，而且不利于青少年的 ....。 [1]

[总分：8]

练习三，问题 8(a)-(h)

你将听到一位演讲者讲述俞敏洪的人生经历。你将听到两遍。请根据听到的信息改正每句话里画线的词语，把答案写在括号里。

请先阅读一下问题。

例：人们一想到出国<u>旅行</u>，就会想到参加英语培训班。
　　人们一想到出国（ 留学 ），就会想到参加英语培训班。

(a)　虽然英语培训班在中国到处都是，但是新东方却成了最有名的<u>机构</u>。

　　虽然英语培训班在中国到处都是，但是新东方却成了最有名的（............）。 [1]

(b)　刚开始，新东方只提供<u>意见</u>和咨询给想出国留学的人。

　　刚开始，新东方只提供（............）和咨询给想出国留学的人。 [1]

(c)　经过了20多年发展，新东方已经成了一个<u>上市</u>教育机构。

　　经过了20多年发展，新东方已经成了一个（............）教育机构。 [1]

(d)　俞敏洪第二次参加高考时，英文成绩提高到了<u>95分</u>。

　　俞敏洪第二次参加高考时，英文成绩提高到了（............）。 [1]

(e)　从北京大学毕业之后，俞敏洪任职于北京大学，教授<u>英语</u>。

　　从北京大学毕业之后，俞敏洪任职于北京大学，教授（............）。 [1]

(f)　俞敏洪影响了新东方的学生，使他们对英语学习有了<u>兴趣</u>。

　　俞敏洪影响了新东方的学生，使他们对英语学习有了（............）。 [1]

(g)　除了创办学校，俞敏洪还写了《愿你的青春不负梦想》《生命如一泓清水》《<u>坚持到底</u>》等多本图书。

　　除了创办学校，俞敏洪还写了《愿你的青春不负梦想》《生命如一泓清水》《（............）》等多本图书。 [1]

(h) 俞敏洪不仅是校长、企业家、作家，他也是一名**翻译家**。

俞敏洪不仅是校长、企业家、作家，他也是一名（............）。 [1]

[总分：8]

练习四，问题 9(a)–(h)

你将听到一段有关网络诈骗的采访。

请听下面的采访，你将听到两遍，在唯一正确的方格内打钩（√）回答问题。

请先阅读一下问题。

(a) 刘玲玲的母亲被骗了多少钱？

A 5,000 元 ☐

B 100 万 ☐

C 3,000 元 ☐ [1]

(b) 以下信息中，骗子不需要刘玲玲的母亲提供哪一个？

A 银行账号 ☐

B 电话号码 ☐

C 身份信息 ☐ [1]

(c) 大多数老人对于互联网的看法是怎样的？

A 不安全 ☐

B 印象好 ☐

C 不方便 ☐ [1]

(d) 网络诈骗常常发生在哪一类老人的身上？

  A 喜欢在网上交友的老人 ☐

  B 喜欢在网上购物的老人 ☐

  C 不和子女住在一起的老人 ☐ [1]

(e) 对于记性不好的老人，可以 ....。

  A 使用容易记住的密码 ☐

  B 使用至少8个字符的密码 ☐

  C 使用指纹解锁代替密码 ☐ [1]

(f) 吴先生建议老人们不要轻易打开什么？

  A 陌生的网络链接 ☐

  B 收到的电子邮件 ☐

  C 朋友发的视频通话 ☐

(g) 遇到需要转钱时，老人们应该先通知谁？

  A 朋友 ☐

  B 银行工作人员 ☐

  C 孩子 ☐ [1]

(h) 为了避免网络诈骗，老人网购时，应该…………。

A 只在淘宝上购物 ☐

B 先联系亲戚朋友 ☐

C 去可靠的购物网站 ☐ [1]

[总分：8]

IGCSE CHINESE AS A SECOND LANGUAGE

Listening Mock Examination 3

听力模拟试卷（三）

Approximately 35–45 minutes

You must answer on the question paper.

No additional materials are needed.

INSTRUCTIONS

- Do not open this booklet until instructed to do so.
- Answer all questions.
- Dictionaries are not allowed.
- Write your answer to each question in the space provided.
- The maximum mark for this mock examination paper is [30 marks].
- The number of marks for each question or part question is shown in brackets [   ].

答题时所使用的沟通语言的质量不影响分数。当你以汉字或者拼音回答所有的问题时，只要是可以理解的回答都将被接受。

练习一，问题 1 至 6

你将听到六段录音，每段录音两遍。请在相应的横线上回答问题 1 至 6。回答应简短扼要。

每段录音后会有停顿，请在停顿期间阅读问题。

1　他们的大巴会停在停车场的哪个位置？

　　... [1]

2　老师希望贤明妈妈去哪里？

　　... [1]

3　什么样的天气会影响这个女生画画儿？

　　... [1]

4　什么人最喜欢用闪付？

　　... [1]

5　这位乘客现在的心情怎么样？

　　... [1]

6　主人建议客人们去阳台做什么？

　　... [1]

[总分：6]

练习二，问题 7(a)–(h)

你将听到一位同学关于极简主义的演讲。你将听到两遍。请听录音，然后回答问题。请先阅读一下问题。

极简主义

(a) 第二次世界大战后有人提出极简主义的理念，但是人们却在 .... 才开始熟知它。 [1]

(b) 有人认为，极简主义是在物质方面尽可能地"一无所有"，也有人认为要把心里 ....。 [1]

(c) 学生要想全面发展，就必须兼顾到学业、生活技能、................、运动等等。 [1]

(d) 如果你觉得很累，那么你应该学会 ....。 [1]

(e) 中国著名影星周润发身价56亿港币，但是他却喜欢做一个简单快乐的 ....。 [1]

(f) 李健平时不用智能手机，是因为他觉得手机里的信息很多是 .... 的。 [1]

(g) 现在人们每天都拿着手机，每天看起来特别忙，可是很多 .... 却没做。 [1]

(h) 聪明的极简主义者会从 .... 的生活中选出最在意的东西。 [1]

[总分：8]

练习三，问题 8(a)–(h)

你将听到一位心理学家关于青少年使用社交媒体的讲座。你将听到两遍。请根据听到的信息改正每句话里画线的词语，把答案写在括号里。

请先阅读一下问题。

例：说话人已经对**老人**心理健康研究了18年。

说话人已经对（____青少年____）心理健康研究了18年。

(a) 通过社交媒体，人们可以知道**身边**发生的事情。

通过社交媒体，人们可以知道（............）发生的事情。 [1]

(b) 如果学生在社交媒体加入学习小组，除了讨论功课，也可以**收获友谊**。

如果学生在社交媒体加入学习小组，除了讨论功课，也可以（............）。 [1]

(c) 超过四成中学生认为社交媒体解决了他们的**无助**问题。

超过四成中学生认为社交媒体解决了他们的（............）问题。 [1]

(d) 研究发现，青少年每天在社交媒体上超过三个小时，可能会**近视**。

研究发现，青少年每天在社交媒体上超过三个小时，可能会（............）。 [1]

(e) 青少年对自己的生活感到不满，可能是因为在社交媒体上看到了朋友过着**优越**的生活。

青少年对自己的生活感到不满，可能是因为在社交媒体上看到了朋友过着（............）的生活。 [1]

(f) 使用社交媒体太多会使青少年过度沉浸于**网络**世界。

使用社交媒体太多会使青少年过度沉浸于（............）世界。 [1]

(g) 对于**迷上**了在网上沟通的人来说，面对面说话会让他们很难受。

对于（............）了在网上沟通的人来说，面对面说话会让他们很难受。 [1]

(h) 减少使用<u>手机、电脑</u>的时间,才能保持健康的生活方式。

减少使用(............)的时间,才能保持健康的生活方式。 [1]

[总分:8]

练习四,问题 9(a)–(h)

你将听到一段电台主持人对一位社会学家的采访。

请听下面的采访,你将听到两遍,在唯一正确的方格内打钩(√)回答问题。

请先阅读一下问题。

(a) 在 2015 年 10 月之前,中国 ....。

A 一家一般只能生一个孩子 ☐

B 全面推行二胎政策 ☐

C 经济发展过快 ☐ [1]

(b) 反对多生孩子的父母认为 ....。

A 养育孩子太辛苦 ☐

B 需要带孩子看病 ☐

C 家里赚的钱不够 ☐ [1]

(c) 想多生孩子的父母 ....。

A 认为多子多福 ☐

B 受到朋友的影响 ☐

C 认为等自己老了会有人照顾他们 ☐ [1]

(d) 王先生对多生孩子的态度是怎样的？

A 赞同

B 反对

C 中立 [1]

(e) 家里有兄弟姐妹，会给孩子带来什么？

A 父母的关爱少了

B 感觉到孤单

C 能够培养好的品格 [1]

(f) 很多独生子女 ....。

A 可以独立生活

B 被父母溺爱

C 不想做任何事 [1]

(g) 对于父母想多生孩子这件事，大多数孩子的心态是 ....。

A 理解

B 担忧

C 气愤 [1]

(h) 王先生认为有了弟弟妹妹之后，父母对老大的关注会 ....。

A 不变 ☐

B 减少 ☐

C 增加 ☐ [1]

[总分：8]

IGCSE CHINESE AS A SECOND LANGUAGE

Listening Mock Examination 4

听力模拟试卷（四）

Approximately 35–45 minutes

You must answer on the question paper.

No additional materials are needed.

INSTRUCTIONS

- Do not open this booklet until instructed to do so.
- Answer all questions.
- Dictionaries are not allowed.
- Write your answer to each question in the space provided.
- The maximum mark for this mock examination paper is [30 marks].
- The number of marks for each question or part question is shown in brackets [   ].

答题时所使用的沟通语言的质量不影响分数。当你以汉字或者拼音回答所有的问题时，只要是可以理解的回答都将被接受。

练习一，问题1至6

你将听到六段录音，每段录音两遍。请在相应的横线上回答问题1至6。回答应简短扼要。每段录音后会有停顿，请在停顿期间阅读问题。

1 他们最后选择了哪里的座位？

.... [1]

2 王慧这个假期做了什么？

.... [1]

3 他今天运动了多久？

.... [1]

4 现在飞机上什么服务被暂停了？

.... [1]

5 妈妈现在的心情怎么样？

.... [1]

6 李小姐银行卡弄丢前买了什么？

.... [1]

[总分：6]

练习二，问题 7(a)–(h)

你将听到一位网络专家关于网络欺凌的演讲。你将听到两遍。请听录音，然后回答问题。请先阅读一下问题。

网络欺凌

(a) 据调查，广州约 70% 的 ………………… 曾经遭受过网络欺凌。 [1]

(b) 使用社交媒体、…………………、电话、短信等传播伤害别人的言语等，这些都是常见的网络欺凌。 [1]

(c) 网络欺凌会给受害者造成心理伤害，如果情况严重，还会影响他们的 …………………。 [1]

(d) 一旦遇到网络欺凌，受害者的自尊心会受到伤害，对身边的人不再 …………………。 [1]

(e) 如果被欺凌者的情绪得不到 …………………，他们可能会伤害自己。 [1]

(f) 为了防止被欺凌，不要把自己的个人信息告诉 …………………。 [1]

(g) 如果遇到了网络欺凌，可以向学校的老师或心理辅导员求助，还要 ………………… 父母。 [1]

(h) 对于严重的情况，受害者应该 ………………… 法律手段来解决问题。 [1]

[总分：8]

练习三，问题 8(a)–(h)

你将听到一段中国学生在美国留学时的讲话。你将听到两遍。请根据听到的信息改正每句话里画线的词语，把答案写在括号里。

请先阅读一下问题。

例：大家好！我是 2020 届学生欢迎会<u>负责人</u>。
　　　大家好！我是 2020 届学生欢迎会（　主席　）。

(a) 王梅初到美国时，内心感到既紧张又<u>不安</u>。

王梅初到美国时，内心感到既紧张又（............）。 [1]

(b) 刚到国外，很多人交不到朋友，是由于<u>语言</u>差异导致的。

刚到国外，很多人交不到朋友，是由于（............）差异导致的。 [1]

(c) 留学生适应了国内的上课方式，无法适应<u>开放式</u>的学习形式。

留学生适应了国内的上课方式，无法适应（............）的学习形式。 [1]

(d) 根据王梅和朋友的<u>分享</u>，提早做好心理准备是解决难题的好方法。

根据王梅和朋友的（............），提早做好心理准备是解决难题的好方法。 [1]

(e) 只要语言水平提高了，留学生就可以<u>勇敢</u>地问老师问题。

只要语言水平提高了，留学生就可以（............）地问老师问题。 [1]

(f) 作为新人，应该走出舒适区，勇于认识更多<u>朋友</u>。

作为新人，应该走出舒适区，勇于认识更多（............）。 [1]

(g) 当留学生得到了<u>老师</u>与同学们的支持，孤单的感觉就没有了。

当留学生得到了（............）与同学们的支持，孤单的感觉就没有了。 [1]

(h) 在留学初期，留学生所经历的各种不适应是<u>常见</u>的。

在留学初期，留学生所经历的各种不适应是（............）的。 [1]

[总分：8]

练习四，问题 9(a)–(h)

你将听到一段有关中国的"新四大发明"的采访。

请听下面的采访，你将听到两遍，在唯一正确的方格内打钩（√）回答问题。

请先阅读一下问题。

(a) 中国的"新四大发明"是由谁评选出来的？

　　A　张小龙　　☐

　　B　外国青年　　☐

　　C　中国青年　　☐　　[1]

(b) 张小龙认为这四项技术............。

　　A　是中国人发明的　　☐

　　B　只是在中国推广　　☐

　　C　在中国被领先推广　　☐　　[1]

(c) 关于高铁，以下哪个说法是正确的？

　　A　中国高铁技术起步比日本晚　　☐

　　B　世界高铁时代开始于2006年　　☐

　　C　目前世界上行驶最快的高铁在日本　　☐　　[1]

(d) 有人认为高铁的不足之处是............。

　　A　不太环保　　☐

　　B　不太舒适　　☐

　　C　票价太高　　☐　　[1]

(e) 今天中国的网民 ....。

    A 不足 7.31 亿人 ☐

    B 超过六成习惯了网购 ☐

    C 经常出门忘记带钱 ☐ [1]

(f) 在早期，人们对于无现金支付的态度是怎样的？

    A 放心 ☐

    B 担心 ☐

    C 安心 ☐ [1]

(g) 张小龙认为共享单车 ....。

    A 品牌太多 ☐

    B 发展迅速 ☐

    C 好处不多 ☐ [1]

(h) 张小龙呼吁大家 ....。

    A 了解共享单车的理念 ☐

    B 利用单车带来的便利 ☐

    C 文明使用共享单车 ☐ [1]

[总分：8]

IGCSE CHINESE AS A SECOND LANGUAGE

Listening Mock Examination 5

听力模拟试卷（五）

Approximately 35–45 minutes

You must answer on the question paper.

No additional materials are needed.

INSTRUCTIONS

- Do not open this booklet until instructed to do so.
- Answer all questions.
- Dictionaries are not allowed.
- Write your answer to each question in the space provided.
- The maximum mark for this mock examination paper is [30 marks].
- The number of marks for each question or part question is shown in brackets [   ].

答题时所使用的沟通语言的质量不影响分数。当你以汉字或者拼音回答所有的问题时，只要是可以理解的回答都将被接受。

练习一，问题 1 至 6

你将听到六段录音，每段录音两遍。请在相应的横线上回答问题1至6。回答应简短扼要。

每段录音后会有停顿，请在停顿期间阅读问题。

1 哪一种中餐大卫吃不习惯？

　　... [1]

2 什么活动可以继续进行？

　　... [1]

3 他是怎么知道如何去地铁站的？

　　... [1]

4 《老鼠爱大米》是哪个机构的工作人员表演的？

　　... [1]

5 这位顾客付了多少钱？

　　... [1]

6 坐在前排的人需要穿什么？

　　... [1]

[总分：6]

练习二，问题 7(a)–(h)

你将听到一段有关现代友谊的介绍。你将听到两遍。请听录音，然后回答问题。请先阅读一下问题。

现代友谊

(a) 两个人坐在象征 .... 的小船上，一个人不高兴了，乱发脾气，结果就把船弄翻了。 [1]

(b) 两个人之间的友情可能会因为一点儿小事而受到 .... 。 [1]

(c) 由于朋友之间缺少 .... 的价值观，因此，朋友关系很容易破裂。 [1]

(d) 现代的中年人不是忙于工作挣钱，就是忙于 .... 家人。 [1]

(e) 老人忙着操心子女的生活问题，加上 .... 变差，因此很难抽空关心朋友。 [1]

(f) 以前的人经常坐下来和朋友 .... ，这样可以加强彼此之间的感情。 [1]

(g) 互联网不断地发展使交友变得更 .... 。 [1]

(h) 要是遇到了真正的朋友，大家要好好儿 .... 他们。 [1]

[总分：8]

练习三，问题 8(a)–(h)

你将听到一段对网络红人李子柒的采访。你将听到两遍。请根据听到的信息改正每句话里画线的词语，把答案写在括号里。

请先阅读一下问题。

例： 作为一名网络<u>名人</u>，你认为什么样的视频是有意义的？
　　　作为一名网络（…红人…），你认为什么样的视频是有意义的？

(a) 很多现代人要早出晚归，时常需要<u>工作</u>到深夜。

很多现代人要早出晚归，时常需要（…………）到深夜。 [1]

(b) 李子柒认为有意义的视频应该让人既舒服又<u>难忘</u>。

李子柒认为有意义的视频应该让人既舒服又（…………）。 [1]

(c) 一些网友给李子柒<u>写信</u>说，看她的视频时，他们会边笑边流泪。

一些网友给李子柒（…………）说，看她的视频时，他们会边笑边流泪。 [1]

(d) 童年的成长经历给李子柒带来了视频创作的<u>想法</u>。

童年的成长经历给李子柒带来了视频创作的（…………）。 [1]

(e) 当李子柒<u>做美食</u>的时候，她会重新想起儿时的美好记忆。

当李子柒（…………）的时候，她会重新想起儿时的美好记忆。 [1]

(f) 看到自己的视频观看人次累计近30亿时，你会觉得自己很<u>优秀</u>吗？

看到自己的视频观看人次累计近30亿时，你会觉得自己很（…………）吗？ [1]

(g) 实际上，李子柒认为自己不会受到网上的<u>批评声音</u>的影响。

实际上，李子柒认为自己不会受到网上的（…………）的影响。 [1]

(h) 在网上有人认为李子柒只是通过卖惨，来获得人们的**点赞量**。

在网上有人认为李子柒只是通过卖惨，来获得人们的（............）。 [1]

[总分：8]

练习四，问题 9(a)–(h)

你将听到一段对东海市生态环境局局长的采访。

请听下面的讲话内容，你将听到两遍，在唯一正确的方格内打钩（√）回答问题。

请先阅读一下问题。

(a) 东海市垃圾分类不包含下面哪个？

　　A　干垃圾　☐

　　B　有害垃圾　☐

　　C　不可回收垃圾　☐ [1]

(b) 市民可以通过哪种方式了解垃圾分类？

　　A　路上发的传单　☐

　　B　社区里的讲座　☐

　　C　新闻网站的广告　☐ [1]

(c) 有多少个市民因为放错垃圾而被罚款？

　　A　1000 多　☐

　　B　300 多　☐

　　C　23　☐ [1]

(d) 刚开始实施垃圾分类时，有些市民认为垃圾分类 ……………… 。

    A 没必要

    B 很简单

    C 很麻烦   [1]

(e) 垃圾分类实施半年以后，居民小区发生怎样的变化？

    A 社区的垃圾量增加了 35%

    B 社区的垃圾量减少了 25%

    C 社区的环境更清洁了   [1]

(f) 垃圾站的工作人员写信给谁表示感谢？

    A 市民

    B 政府

    C 清洁工   [1]

(g) 最后，李局长请大家做什么？

    A 一起进行垃圾分类

    B 发送垃圾分类的视频

    C 评选垃圾分类的优秀视频   [1]

(h) 赢得奖金的市民 ....。

A 上传视频不超过一分钟 ☐

B 是网站随机抽取的 ☐

C 是在 12 月 30 日之后上传的 ☐ [1]

[总分：8]

IGCSE CHINESE AS A SECOND LANGUAGE

Listening Mock Examination 6

听力模拟试卷（六）

Approximately 35–45 minutes

You must answer on the question paper.

No additional materials are needed.

INSTRUCTIONS

- Do not open this booklet until instructed to do so.
- Answer all questions.
- Dictionaries are not allowed.
- Write your answer to each question in the space provided.
- The maximum mark for this mock examination paper is [30 marks].
- The number of marks for each question or part question is shown in brackets [ ].

答题时所使用的沟通语言的质量不影响分数。当你以汉字或者拼音回答所有的问题时，只要是可以理解的回答都将被接受。

练习一，问题 1 至 6

你将听到六段录音，每段录音两遍。请在相应的横线上回答问题 1 至 6。回答应简短扼要。每段录音后会有停顿，请在停顿期间阅读问题。

1   这两天，除了火锅，他还吃了什么？

    .... [1]

2   北京的降雨会在哪一天结束？

    .... [1]

3   通知王先生哪天参加第二轮面试？

    .... [1]

4   哪个年龄段的留守儿童最多？

    .... [1]

5   这辆公交车是从哪一站出发的？

    .... [1]

6   这位男旅客现在的心情怎么样？

    .... [1]

[总分：6]

练习二，问题 7(a)–(h)

你将听到一位同学关于青春片的演讲。你将听到两遍。请听录音，然后回答问题。请先阅读一下问题。

青春片

(a) 青春片的内容大多数是年轻人关于友情、................、奋斗的故事。 [1]

(b) 近几年流行的青春片有2010年的《老男孩》、2011年的《那些年我们一起追过的女孩》，2014年的《（................）》《匆匆那年》《北京爱情故事》等。 [1]

(c) 青春片的故事情节比较简单，拍摄成本也比................低。 [1]

(d) 中国的90后、00后中，喜欢和................一起去电影院看青春片的人很多。 [1]

(e) 90后相对于他们的父母来说，从小................比较好，能够接受更好的教育。 [1]

(f) 对90后来说，他们在社会上要面临................和生活的种种压力。 [1]

(g) 下班后，人们坐在电影院里回忆自己的校园生活，的确是一种不错的................方式。 [1]

(h) 对人们来说，电影本身是否精彩，并不是那么................了。 [1]

[总分：8]

练习三，问题 8(a)–(h)

你将听到一段电台主持人对茶馆老板的采访。你将听到两遍。请根据听到的信息改正每句话里画线的词语，把答案写在括号里。

请先阅读一下问题。

例：品茶在中国是非常<u>常见</u>的。

品茶在中国是非常（ 普遍 ）的。

(a) 当神农氏在茶树下<u>干活儿</u>的时候，叶子飘到了他的水杯里。

当神农氏在茶树下（............）的时候，叶子飘到了他的水杯里。 [1]

(b) 其实，品茶在中国的<u>宋代</u>才开始变得流行起来。

其实，品茶在中国的（............）才开始变得流行起来。 [1]

(c) 茶叶里的抗氧化剂可以帮助人们增强<u>记忆力</u>。

茶叶里的抗氧化剂可以帮助人们增强（............）。 [1]

(d) 除了预防疾病，喝茶还能保健<u>强身</u>。

除了预防疾病，喝茶还能保健（............）。 [1]

(e) 年轻人之所以喜欢喝咖啡，其中一个原因是<u>网络媒体</u>影响了他们。

年轻人之所以喜欢喝咖啡，其中一个原因是（............）影响了他们。 [1]

(f) 年轻人不喜欢传统中国茶的冲泡方式，因为太<u>麻烦</u>了。

年轻人不喜欢传统中国茶的冲泡方式，因为太（............）了。 [1]

(g) 和泡茶相比，泡咖啡更容易<u>准备</u>。

和泡茶相比，泡咖啡更容易（............）。 [1]

(h) 喝咖啡时，人可以根据自己的<u>口味</u>加入牛奶和糖。

喝咖啡时，人可以根据自己的（............）加入牛奶和糖。 [1]

[总分：8]

练习四，问题 9(a)–(h)

你将听到一段对生态环境局局长的采访。

请听下面的采访，你将听到两遍，在唯一正确的方格内打钩（√）回答问题。

请先阅读一下问题。

(a) 和工业相比，人们开车所产生的二氧化碳的量 ……………。

    A 并不少 ☐

    B 并不多 ☐

    C 差不多 ☐ [1]

(b) 目前，大气层中的二氧化碳含量是以前的 ……………。

    A 2倍 ☐

    B 8倍 ☐

    C 3倍 ☐ [1]

(c) 在过去50年里，全世界上百个国家的人们 ……………。

    A 吃素的越来越多 ☐

    B 越来越爱吃肉 ☐

    C 饮食结构差不多 ☐ [1]

(d) 当牛羊 …………… 的时候，产生的气体会加速全球变暖。

    A 进食 ☐

    B 消化 ☐

    C 呼吸 ☐ [1]

(e) 吃肉太多不仅会危害环境，而且使人们 ....。

    A 压力更大 ☐

    B 患上疾病 ☐

    C 感染禽流感 ☐ [1]

(f) 人们对于少吃肉改善了高血压的问题，有什么感受？

    A 开心 ☐

    B 抱怨 ☐

    C 吃惊 ☐ [1]

(g) 被采访者建议大家 ....。

    A 完全不吃肉 ☐

    B 尽量少吃肉 ☐

    C 天天吃素食 ☐ [1]

(h) 有些人无法坚持每周两天吃素，可以 ....。

    A 用鱼肉代替鸡肉 ☐

    B 用鸡肉代替羊肉 ☐

    C 用羊肉代替牛肉 ☐ [1]

[总分：8]

IGCSE CHINESE AS A SECOND LANGUAGE

Listening Mock Examination 7

听力模拟试卷（七）

Approximately 35–45 minutes

You must answer on the question paper.

No additional materials are needed.

___

INSTRUCTIONS

- Do not open this booklet until instructed to do so.
- Answer all questions.
- Dictionaries are not allowed.
- Write your answer to each question in the space provided.
- The maximum mark for this mock examination paper is [30 marks].
- The number of marks for each question or part question is shown in brackets [ ].

答题时所使用的沟通语言的质量不影响分数。当你以汉字或者拼音回答所有的问题时，只要是可以理解的回答都将被接受。

练习一，问题 1 至 6

你将听到六段录音，每段录音两遍。请在相应的横线上回答问题1至6。回答应简短扼要。

每段录音后会有停顿，请在停顿期间阅读问题。

1 小刘现在的心情如何？

   .... [1]

2 说话人的职业是什么？

   .... [1]

3 爸爸对于参加亲子运动会的态度是什么？

   .... [1]

4 他们打算用什么方式来保证餐厅的生意？

   .... [1]

5 这次环保活动是谁组织的？

   .... [1]

6 这位男顾客将会出国旅游几天？

   .... [1]

[总分：6]

练习二，问题 7(a)–(h)

你将听到一位健康专家关于睡眠与长寿的讲座。你将听到两遍。请听录音，然后回答问题。

请先阅读一下问题。

睡眠与长寿

(a) 很多爱美的女士相信充足的睡眠会 .... 美容。 [1]

(b) 很多常见的 .... 都和睡不够有关。 [1]

(c) 如果晚上很晚睡觉，可能会导致第二天 .... ，无法专心。 [1]

(d) 研究表明，睡太多对健康 .... 并没有帮助。 [1]

(e) 每天睡眠多于10个钟头，患上中风的概率会提高到 .... 。 [1]

(f) 每晚睡七到八个小时对 .... 来说是黄金睡眠时长。 [1]

(g) 有些成功人士每晚只睡三四个小时，还可以保持 .... 充足。 [1]

(h) 大家只能把这些研究结果作为 .... 。 [1]

[总分：8]

练习三，问题 8(a)–(h)

你将听到一段有关高中生补习的采访。你将听到两遍。请根据听到的信息改正每句话里画线的词语，把答案写在括号里。

请先阅读一下问题。

例： 这次采访的主持人是校报的<u>编辑</u>。

这次采访的主持人是校报的（ 记者 ）。

(a) 学生缺乏睡眠，不只是由于忙于功课与课外活动，还要参加<u>各类比赛</u>和补习。

学生缺乏睡眠，不只是由于忙于功课与课外活动，还要参加（............）和补习。 [1]

(b) 张明有时跟朋友产生矛盾，是由于他无法<u>理解别人</u>。

张明有时跟朋友产生矛盾，是由于他无法（............）。 [1]

(c) 陈太太认为补习除了能提高孩子的成绩，也能增强孩子的<u>成就感</u>。

陈太太认为补习除了能提高孩子的成绩，也能增强孩子的（............）。 [1]

(d) 李老师认为补习可以帮助成绩好的学生<u>增加</u>课外知识。

李老师认为补习可以帮助成绩好的学生（............）课外知识。 [1]

(e) 有些学生上补习班，会形成"重视补习，而轻视正课"的<u>学习</u>态度。

有些学生上补习班，会形成"重视补习，而轻视正课"的（............）态度。 [1]

(f) 张明还没思考老师的问题，就有同学说出答案了，他表示很<u>不满</u>。

张明还没思考老师的问题，就有同学说出答案了，他表示很（............）。 [1]

(g) 有的同学在课上<u>没精神</u>，是因为补习太多，晚上经常熬夜。

有的同学在课上（............），是因为补习太多，晚上经常熬夜。 [1]

(h) 有些家长看到孩子做作业时很着急的样子，会觉得很**难过**。

有些家长看到孩子做作业时很着急的样子，会觉得很（............）。 [1]

[总分：8]

练习四，问题 9(a)–(h)

你将听到一段对年轻创业者的采访。

请听下面的采访，你将听到两遍，在唯一正确的方格内打钩（√）回答问题。

请先阅读一下问题。

(a) 重回大学校园，李瑞感到 ....。

    A　很新奇　☐

    B　很轻松　☐

    C　更忙更累　☐　　　[1]

(b) 很多人毕业后，工作了一段时间，................。

    A　再也不想回校读书了　☐

    B　想边工作边读书　☐

    C　学到很多知识　☐　　　[1]

(c) 李瑞大学时读什么专业？

    A　汉语言文学　☐

    B　经济贸易　☐

    C　中文教育　☐　　　[1]

(d) 李瑞在浙江实习的时候，发现那里的茶叶 ....。

    A   很清淡   ☐

    B   价格低   ☐

    C   很有名   ☐   [1]

(e) 对于很多有名的茶产品并非中国的，李瑞表示很 ....。

    A   可惜   ☐

    B   后悔   ☐

    C   怀疑   ☐   [1]

(f) 关于李瑞创业，................。

    A   妈妈借给她钱   ☐

    B   爸爸认为太辛苦了   ☐

    C   爸爸、妈妈态度不同   ☐   [1]

(g) 是什么原因使李瑞曾经想放弃创业？

    A   创业过程复杂   ☐

    B   缺少创业热情   ☐

    C   网店销售额低   ☐   [1]

(h) 李瑞希望以后可以 ....。

A 多学知识

B 做大生意

C 追求上进   [1]

[总分：8]

IGCSE CHINESE AS A SECOND LANGUAGE

Listening Mock Examination 8

听力模拟试卷（八）

Approximately 35–45 minutes

You must answer on the question paper.

No additional materials are needed.

INSTRUCTIONS

- Do not open this booklet until instructed to do so.
- Answer all questions.
- Dictionaries are not allowed.
- Write your answer to each question in the space provided.
- The maximum mark for this mock examination paper is [30 marks].
- The number of marks for each question or part question is shown in brackets [   ].

答题时所使用的沟通语言的质量不影响分数。当你以汉字或者拼音回答所有的问题时，只要是可以理解的回答都将被接受。

练习一，问题1至6

你将听到六段录音，每段录音两遍。请在相应的横线上回答问题1至6。回答应简短扼要。每段录音后会有停顿，请在停顿期间阅读问题。

1　男的最近怎么了？

　　... [1]

2　优惠活动在哪天结束？

　　... [1]

3　美丽现在心情怎么样？

　　... [1]

4　说话人预计早上什么时间到达酒店？

　　... [1]

5　吴静雅除了会唱歌，在哪一方面还有特长？

　　... [1]

6　录完视频后，他们马上要做什么？

　　... [1]

[总分：6]

练习二，问题 7(a)–(h)

你将听到一位银行理财师关于"月光族"的演讲。你将听到两遍。请听录音，然后回答问题。

请先阅读一下问题。

月光族

(a) "月光族"挣多少花多少，他们的消费观与父母 ....。 [1]

(b) "月光族"喜欢新潮的打扮，同时也 .... 追求时尚。 [1]

(c) "月光族"努力挣钱的 .... 是花钱。 [1]

(d) 为了避免成为"月光族"，应该规划好自己每月的工资和 ....。 [1]

(e) 大部分年轻人容易冲动消费，常常一开始购物就不受 ....。 [1]

(f) 为了避免成为"月光族"，可以尝试记录自己每个月的 .... 与花费情况。 [1]

(g) 年轻人大都爱 ....，所以他们也自然会受朋友的影响。 [1]

(h) 为了避免成为"月光族"，要少与追求 .... 的人做朋友。 [1]

[总分：8]

练习三，问题 8(a)–(h)

你将听到一位记者讲述中国音乐家郎朗的故事。你将听到两遍。请根据听到的信息改正每句话里画线的词语，把答案写在括号里。

请先阅读一下问题。

例： 郎朗 <u>1892</u> 年出生在中国沈阳。

郎朗（ 1982 ）年出生在中国沈阳。

(a) 郎朗的 <u>父亲</u> 在大学里教音乐。

郎朗的（............）在大学里教音乐。 [1]

(b) 年仅 <u>10 岁</u> 的郎朗就获得了东三省少儿钢琴比赛第一名。

年仅（............）的郎朗就获得了东三省少儿钢琴比赛第一名。 [1]

(c) 郎朗 13 岁时获得了第二届柴可夫斯基国际 <u>学生</u> 音乐家比赛第一名。

郎朗 13 岁时获得了第二届柴可夫斯基国际（............）音乐家比赛第一名。 [1]

(d) 他演出时不仅特别专注，而且与观众的 <u>沟通</u> 很好。

他演出时不仅特别专注，而且与观众的（............）很好。 [1]

(e) 美国著名杂志《人物》评选郎朗为"20 位将改变 <u>亚洲</u> 的年轻人"之一。

美国著名杂志《人物》评选郎朗为"20 位将改变（............）的年轻人"之一。 [1]

(f) 郎朗成为中国第一位与柏林一流乐团 <u>经常</u> 合作的钢琴家。

郎朗成为中国第一位与柏林一流乐团（............）合作的钢琴家。 [1]

(g) 郎朗是在全世界著名音乐厅举办过个人独奏会的中国 <u>音乐家</u>。

郎朗是在全世界著名音乐厅举办过个人独奏会的中国（............）。 [1]

(h) 他说要让 <u>欧洲各国</u> 的人了解中国特色的音乐。

他说要让（............）的人了解中国特色的音乐。 [1]

[总分：8]

练习四，问题 9(a)–(h)

你将听到一段对国际学校张老师的采访。

请听下面的采访，你将听到两遍，在唯一正确的方格内打钩（√）回答问题。

请先阅读一下问题。

(a) 很多父母除了要居家办公，还要 …………。

　　A　忙着上网课　☐

　　B　教孩子做家务　☐

　　C　陪孩子上网课　☐　　　　　　　　　　　　　　[1]

(b) 网课开始，张老师对自己孩子的学习情况感到 …………。

　　A　惊讶　☐

　　B　满意　☐

　　C　开心　☐　　　　　　　　　　　　　　　　　　[1]

(c) 张老师的儿子可以 …………。

　　A　从 1 数到 100　☐

　　B　算加减法　☐

　　C　认一些数字　☐　　　　　　　　　　　　　　　[1]

(d) 张老师教哪个阶段的学生？

　　A　小学　☐

　　B　中学　☐

　　C　高中　☐　　　　　　　　　　　　　　　　　　[1]

(e) 有些学生由于 ………… 而无法回答张老师的问题。

A 没有记笔记 ☐

B 沉迷于游戏 ☐

C 网络信号不好 ☐   [1]

(f) 以前在学校上课时,张老师要 …………。

A 兼顾工作与家庭 ☐

B 加班完成工作 ☐

C 经常跟家长沟通 ☐   [1]

(g) 现在,张老师基本上每天都 …………。

A 睡眠不足 ☐

B 布置作业 ☐

C 与家长沟通 ☐   [1]

(h) 自从上网课之后,张老师的生活发生了什么变化?

A 更无聊 ☐

B 更空闲 ☐

C 更忙碌 ☐   [1]

[总分:8]

IGCSE CHINESE AS A SECOND LANGUAGE

Listening Mock Examination 9

听力模拟试卷（九）

Approximately 35–45 minutes

You must answer on the question paper.

No additional materials are needed.

INSTRUCTIONS

- Do not open this booklet until instructed to do so.
- Answer all questions.
- Dictionaries are not allowed.
- Write your answer to each question in the space provided.
- The maximum mark for this mock examination paper is [30 marks].
- The number of marks for each question or part question is shown in brackets [   ].

答题时所使用的沟通语言的质量不影响分数。当你以汉字或者拼音回答所有的问题时，只要是可以理解的回答都将被接受。

练习一，问题1至6

你将听到六段录音，每段录音两遍。请在相应的横线上回答问题1至6。回答应简短扼要。每段录音后会有停顿，请在停顿期间阅读问题。

1　女的现在感觉怎么样？

　　... [1]

2　说话人什么时候会见到她的父母？

　　... [1]

3　对于女儿毕业后的打算，家长的态度是怎样的？

　　... [1]

4　这款新产品主要用于什么地方？

　　... [1]

5　20分钟后，什么会被停止使用？

　　... [1]

6　谁告诉这位男士商场打折的消息？

　　... [1]

[总分：6]

练习二，问题 7(a)-(h)

你将听到一位学生关于"城市环境更有利于孩子成长"的辩论。你将听到两遍。请听录音，然后回答问题。

请先阅读一下问题。

城市环境更有利于孩子成长

(a) 现代社会是一个科技时代，我们的生活 .... 智能产品。 [1]

(b) 对于生活在城市的孩子来说，他们可以 .... 到各类科技产品。 [1]

(c) 很多 .... 的老师不喜欢去农村教书，而是选择留在城市。 [1]

(d) 由于城市的家长更注重子女的 ....，所以对孩子成长要求比较高。 [1]

(e) 很多农村的爷爷奶奶对孙子孙女过分 ....。 [1]

(f) 如果一个孩子缺少约束，那么他将不太容易 ....。 [1]

(g) 城市的 .... 比较齐全，有很多图书馆、科技馆、博物馆等。 [1]

(h) 城市里的孩子有机会接触到各种体育赛事、音乐会、.................... 等文化活动。 [1]

[总分：8]

练习三，问题 8(a)–(h)

你将听到一段关于真人秀节目的访谈。你将听到两遍。请根据听到的信息改正每句话里画线的词语，把答案写在括号里。

请先阅读一下问题。

例： 这几年，真人秀节目在<u>美国</u>非常受观众的喜爱。

这几年，真人秀节目在（　中国　）非常受观众的喜爱。

(a) 浙江卫视的真人秀节目有《奔跑吧兄弟》<u>《爸爸去哪儿》</u>等。

浙江卫视的真人秀节目有《奔跑吧兄弟》《（............）》等。 [1]

(b) 观众们都很想了解明星在<u>每天</u>生活中是个怎样的人。

观众们都很想了解明星在（............）生活中是个怎样的人。 [1]

(c) 明星们不是在演戏，这给观众的感觉更<u>真实</u>。

明星们不是在演戏，这给观众的感觉更（............）。 [1]

(d) 《爸爸去哪儿》这档节目既搞笑，又非常有<u>特色</u>。

《爸爸去哪儿》这档节目既搞笑，又非常有（............）。 [1]

(e) 为了增加收视率，明星和他们的<u>孩子</u>被搬到电视屏幕上。

为了增加收视率，明星和他们的（............）被搬到电视屏幕上。 [1]

(f) 户外类节目为了让观众有新鲜感，会有很多猜不到的<u>情节</u>。

户外类节目为了让观众有新鲜感，会有很多猜不到的（............）。 [1]

(g) 《奔跑吧兄弟》收视率下降是因为情节设计<u>幼稚</u>。

《奔跑吧兄弟》收视率下降是因为情节设计（............）。 [1]

(h) 真人秀节目可以向观众传达一些<u>阳光</u>积极的思想。

真人秀节目可以向观众传达一些（............）积极的思想。 [1]

[总分：8]

练习四，问题 9(a)–(h)

你将听到一段对 Zoom 创始人袁征的采访。

请听下面的采访，你将听到两遍，在唯一正确的方格内打钩（√）回答问题。

请先阅读一下问题。

    (a) 目前，Zoom 的用户大概有多少人？

        A 1.4 亿 ☐

        B 6 亿 ☐

        C 4 亿 ☐   [1]

    (b) 和其他视频会议软件相比，Zoom 的优势是 …………。

        A 与别人自由交谈 ☐

        B 可以分组讨论 ☐

        C 分享不同的文件 ☐   [1]

    (c) Zoom 的哪个功能很受大家喜欢？

        A 允许 1,000 人参加 ☐

        B 更换背景和美颜 ☐

        C 不受地点限制 ☐   [1]

    (d) Zoom 公司把 ………… 放在首位。

        A 用户体验 ☐

        B 顾客利益 ☐

        C 一直创新 ☐   [1]

(e) Zoom 公司给退订的用户发邮件是为了 ……………。

A 询问 Zoom 哪里做得好 ☐

B 找出问题，设法改进 ☐

C 让 Zoom 变得不太复杂 ☐ [1]

(f) 袁征在哪里听了比尔·盖茨的演讲？

A 美国 ☐

B 中国 ☐

C 日本 ☐ [1]

(g) 他初到美国时，……………。

A 薪水很高 ☐

B 一直失败 ☐

C 生活很辛苦 ☐ [1]

(h) Zoom 的员工在 Zoom 工作时 ……………。

A 闲不下来 ☐

B 吃喝玩乐 ☐

C 开心幸福 ☐ [1]

[总分：8]

IGCSE CHINESE AS A SECOND LANGUAGE

Listening Mock Examination 10

听力模拟试卷（十）

Approximately 35–45 minutes

You must answer on the question paper.

No additional materials are needed.

___

INSTRUCTIONS

- Do not open this booklet until instructed to do so.
- Answer all questions.
- Dictionaries are not allowed.
- Write your answer to each question in the space provided.
- The maximum mark for this mock examination paper is [30 marks].
- The number of marks for each question or part question is shown in brackets [   ].

答题时所使用的沟通语言的质量不影响分数。当你以汉字或者拼音回答所有的问题时，只要是可以理解的回答都将被接受。

练习一，问题 1 至 6

你将听到六段录音，每段录音两遍。请在相应的横线上回答问题1至6。回答应简短扼要。

每段录音后会有停顿，请在停顿期间阅读问题。

1 他们大概会在什么时间吃饭？

   .... [1]

2 顾客买满 300 元，就会收到什么？

   .... [1]

3 老师现在的心情怎么样？

   .... [1]

4 除了可能会再去读书，他还可能会去做什么？

   .... [1]

5 李小姐为什么低血压？

   .... [1]

6 王伟和志杰的歌唱表演怎么样？

   .... [1]

[总分：6]

练习二，问题 7(a)–(h)

你将听到一位心理辅导员关于原生家庭的演讲。你将听到两遍。请听录音，然后回答问题。

请先阅读一下问题。

原生家庭

(a) 原生家庭就是我们 .... 后与父母一起生活的家庭。 [1]

(b) 人们越来越 .... 原生家庭的问题，是从电视剧《都挺好》播出后开始的。 [1]

(c) 有些受原生家庭伤害的人，在工作或者生活有些 .... 时，就会乱发脾气。 [1]

(d) 有人一直觉得不 ....，是由于无法摆脱原生家庭带来的心理伤害。 [1]

(e) 虽然原生家庭给孩子带来的伤害看起来很小，但是对孩子的影响却是 .... 的。 [1]

(f) 很多父母太年轻，在孩子出生后不太懂得如何 .... 孩子。 [1]

(g) 有的父母会因为工作太忙的原因，很少关心孩子的 .... 和想法。 [1]

(h) 要想治好原生家庭的伤害，孩子就要原谅父母的过失，接受自己的 ....。 [1]

[总分：8]

练习三，问题 8(a)–(h)

你将听到一位记者讲述网络主播李佳琦的故事。你将听到两遍。请根据听到的信息改正每句话里画线的词语，把答案写在括号里。

请先阅读一下问题。

例：6 点 <u>50 分</u>，饭菜的香味从直播间里传出来。
　　　6 点（　45 分　），饭菜的香味从直播间里传出来。

(a) 7 点摄像头一开，李佳琦会马上变得<u>忙碌</u>起来。

　　　7 点摄像头一开，李佳琦会马上变得（............）起来。　　　[1]

(b) 经过不断的努力，李佳琦在 <u>37</u> 岁就拥有了 2,000 万个粉丝。

　　　经过不断的努力，李佳琦在（............）岁就拥有了 2,000 万个粉丝。　　　[1]

(c) 2015 年，李佳琦从<u>高中</u>毕业后就开始做化妆品销售员。

　　　2015 年，李佳琦从（............）毕业后就开始做化妆品销售员。　　　[1]

(d) 他亲自为顾客试用产品，只有效果好，他才会<u>鼓励</u>顾客使用。

　　　他亲自为顾客试用产品，只有效果好，他才会（............）顾客使用。　　　[1]

(e) 李佳琦在 2019 年<u>提名</u>"2019 福布斯中国 30 岁以下精英榜"。

　　　李佳琦在 2019 年（............）"2019 福布斯中国 30 岁以下精英榜"。　　　[1]

(f) 李佳琦以前说过他既不是<u>销售员</u>，也不是什么网络红人。

　　　李佳琦以前说过他既不是（............），也不是什么网络红人。　　　[1]

(g) 李佳琦不是只想着<u>直播</u>，他也捐钱给慈善机构。

　　　李佳琦不是只想着（............），他也捐钱给慈善机构。　　　[1]

(h) 李佳琦用自己的<u>经历</u>，来鼓励年轻人要勤奋工作。

　　　李佳琦用自己的（............），来鼓励年轻人要勤奋工作。　　　[1]

[总分：8]

练习四，问题 9(a)–(h)

你将听到一段对"福建省十大杰出人物"张大卫的采访。

请听下面的采访，你将听到两遍，在唯一正确的方格内打钩（√）回答问题。

请先阅读一下问题。

(a) 张大卫希望大家用"............"来称呼他。

    A 老内 ☐

    B 老外 ☐

    C 老卫 ☐ [1]

(b) 对于张大卫要去中国，他身边人的态度是怎样的？

    A 无所谓 ☐

    B 反对 ☐

    C 赞同 ☐ [1]

(c) 张大卫在厦门的主要工作是 ....。

    A 从事贸易 ☐

    B 管理大学 ☐

    C 教授学生 ☐ [1]

(d) 张大卫在哪一方面为中国做出很大的贡献？

    A 经济管理学 ☐

    B 海洋生物学 ☐

    C 城市规划学 ☐ [1]

(e) 张大卫认为他在中国 30 年的工作 …………。

A 很难得 ☐

B 很值得 ☐

C 很辛苦 ☐ [1]

(f) 张大卫 …………。

A 改变了环境污染问题 ☐

B 周末去海滩捡垃圾 ☐

C 看到别人乱丢垃圾 ☐ [1]

(g) 张大卫为边远地区的教育做了什么事情？

A 亲自建学校 ☐

B 教贫穷的学生 ☐

C 捐钱给贫穷的孩子 ☐ [1]

(h) 谁去非洲做义工了？

A 很多中国人 ☐

B 张大卫的妻子 ☐

C 张大卫的孩子 ☐ [1]

[总分：8]

IGCSE CHINESE AS A SECOND LANGUAGE

Listening Mock Examination 11

听力模拟试卷（十一）

Approximately 35–45 minutes

You must answer on the question paper.

No additional materials are needed.

INSTRUCTIONS

- Do not open this booklet until instructed to do so.
- Answer all questions.
- Dictionaries are not allowed.
- Write your answer to each question in the space provided.
- The maximum mark for this mock examination paper is [30 marks].
- The number of marks for each question or part question is shown in brackets [   ].

答题时所使用的沟通语言的质量不影响分数。当你以汉字或者拼音回答所有的问题时，只要是可以理解的回答都将被接受。

练习一，问题 1 至 6

你将听到六段录音，每段录音两遍。请在相应的横线上回答问题 1 至 6。回答应简短扼要。

每段录音后会有停顿，请在停顿期间阅读问题。

1 请问现在几点了？

.... [1]

2 有些人喜欢把空调开到多少摄氏度？

.... [1]

3 女的觉得《安家》这部电视剧怎么样？

.... [1]

4 端午节说话人要送给父母什么礼物？

.... [1]

5 这期的《中文热》原计划什么时候发行？

.... [1]

6 爸爸听完女儿的话，心情如何？

.... [1]

[总分：6]

练习二，问题 7(a)-(h)

你将听到一段有关中文电影《哪吒之魔童降世》的介绍。你将听到两遍。请听录音，然后回答问题。

请先阅读一下问题。

中文电影《哪吒之魔童降世》

(a) 一说到神话人物，人们会想到 .... 的孙悟空，还有三头六臂的哪吒。 [1]

(b) 大部分的神话人物都是 .... 男性，而哪吒却是个可爱的小男孩儿。 [1]

(c) 《哪吒之魔童降世》在中国各大电影院上映后获得了很大的成功，创下了多个 .... 电影票房纪录。 [1]

(d) 《哪吒之魔童降世》这部电影主要讲述了哪吒出生和 .... 的故事。 [1]

(e) 哪吒的父母向人们 .... 会一直把哪吒关在家里。 [1]

(f) 即使哪吒 .... 做一个好人，人们却还是认为他是个大魔头。 [1]

(g) 偏见会使人们感受到同伴压力和 .... 压力。 [1]

(h) 电影也反映了父母 ....，无法抽空儿陪伴子女的问题。 [1]

[总分：8]

练习三，问题 8(a)-(h)

你将听到两位电台主持人关于新型旅游方式的介绍。你将听到两遍。请根据听到的信息改正每句话里画线的词语，把答案写在括号里。

请先阅读一下问题。

例： 欢迎大家收听《南城<u>故事</u>》，我是主播文杰。
　　　 欢迎大家收听《南城（……都市……）》，我是主播文杰。

(a) 文杰，今天咱们会一起<u>探讨</u>不同的新型免费旅游方式，对吗？

　　文杰，今天咱们会一起（……………）不同的新型免费旅游方式，对吗？ [1]

(b) 新型的免费旅游方式不仅可以让你纾解压力，也可以让你变成<u>深度</u>旅游达人。

　　新型的免费旅游方式不仅可以让你纾解压力，也可以让你变成（………）旅游达人。 [1]

(c) 背包旅行很<u>辛苦</u>，因为吃住行玩都得自己安排。

　　背包旅行很（……………），因为吃住行玩都得自己安排。 [1]

(d) 房子的主人会为你提供一份详细的<u>国际</u>旅游指南。

　　房子的主人会为你提供一份详细的（……………）旅游指南。 [1]

(e) 农场主为游客免费提供食宿，但是游客得<u>每周</u>去农场工作两三个小时。

　　农场主为游客免费提供食宿，但是游客得（……………）去农场工作两三个小时。 [1]

(f) 免费游轮旅游是在游轮上做<u>短工</u>，顺便游玩。

　　免费游轮旅游是在游轮上做（……………），顺便游玩。 [1]

(g) 如果你在游轮上工作达到一定时间，不仅能在游轮上吃喝玩乐，还可以挣点儿<u>路费</u>。

　　如果你在游轮上工作达到一定时间，不仅能在游轮上吃喝玩乐，还可以挣点儿（……………）。 [1]

(h) 人们可以申请游轮上的不同职位，例如**商店**或酒吧的服务员等。

人们可以申请游轮上的不同职位，例如（............）或酒吧的服务员等。 [1]

[总分：8]

练习四，问题 9(a)–(h)

你将听到一段对美籍华人王教授的采访。

请听下面的采访，你将听到两遍，在唯一正确的括号内打钩（√）回答问题。

请先阅读一下问题。

(a) 王教授年轻时，............。

　　A　想回家乡看看　☐

　　B　勤奋地学习　☐

　　C　过得很精彩　☐ [1]

(b) 现在王教授............。

　　A　不觉得自己老了　☐

　　B　重新活过来了　☐

　　C　只想回到家乡　☐ [1]

(c) 王教授认为他的家乡............。

　　A　是个完美的地方　☐

　　B　存在一些问题　☐

　　C　经济非常发达　☐ [1]

(d) 和上海相比，王教授认为家乡的环保 ………… 。

    A 做得很好 ☐

    B 有待进步 ☐

    C 值得学习 ☐ [1]

(e) 在家乡生活，王教授觉得 ………… 。

    A 不舒服 ☐

    B 没意思 ☐

    C 很舒适 ☐ [1]

(f) 王教授走在家乡的路上，会遇到 ………… 。

    A 老邻居 ☐

    B 老同学 ☐

    C 亲戚们 ☐ [1]

(g) 王教授第一次想到要回国是因为谁生病了？

    A 父母 ☐

    B 父亲 ☐

    C 妻子 ☐ [1]

(h) 王教授的太太去世后，他 ....。

A 交了很多朋友

B 想念国内亲人

C 要照顾父母 [1]

[总分：8]

IGCSE CHINESE AS A SECOND LANGUAGE

Listening Mock Examination 12

听力模拟试卷（十二）

Approximately 35–45 minutes

You must answer on the question paper.

No additional materials are needed.

INSTRUCTIONS

- Do not open this booklet until instructed to do so.
- Answer all questions.
- Dictionaries are not allowed.
- Write your answer to each question in the space provided.
- The maximum mark for this mock examination paper is [30 marks].
- The number of marks for each question or part question is shown in brackets [   ].

答题时所使用的沟通语言的质量不影响分数。当你以汉字或者拼音回答所有的问题时，只要是可以理解的回答都将被接受。

练习一，问题 1 至 6

你将听到六段录音，每段录音两遍。请在相应的横线上回答问题 1 至 6。回答应简短扼要。

每段录音后会有停顿，请在停顿期间阅读问题。

1 同学们要在几点提交试卷？

  .... [1]

2 男的觉得这家广东菜怎么样？

  .... [1]

3 和去年相比，今年网购体验不满意率下降了多少？

  .... [1]

4 星期几气温会开始下降？

  .... [1]

5 男的是什么语气？

  .... [1]

6 大后天是爸妈的什么日子？

  .... [1]

[总分：6]

练习二，问题 7(a)–(h)

你将听到一段有关新加坡年轻人做义工的介绍。你将听到两遍。请听录音，然后回答问题。请先阅读一下问题。

新加坡年轻人做义工

(a) 在过去一年内，青年义工人数增加了百分之 ....。 [1]

(b) ....、弱势儿童和外国劳工，向来都是比较热门的义工服务领域。 [1]

(c) 在过去的三年，有 1,4000 多人投身 .... 义工活动。 [1]

(d) 社区服务不仅可以提供社交的机会，也可以让大家互相 ....。 [1]

(e) 年轻人做义工，可以使自己的 .... 变得更加丰富多彩。 [1]

(f) 去国外当义工，可以让年轻人了解异国他乡的文化与风俗，学习怎样在异国环境之下解决 ....。 [1]

(g) 学生要想兼顾义工活动和 .... 并不容易。 [1]

(h) 参与义工活动除了需要坚定的信念，还需要有效的 .... 管理。 [1]

[总分：8]

练习三，问题 8(a)-(h)

你将听到一段关于极限运动的介绍。你将听到两遍。请根据听到的信息改正每句话里画线的词语，把答案写在括号里。

请先阅读一下问题。

例： 当你看到别人玩滑板的时候，你觉得他们**帅**吗？
当你看到别人玩滑板的时候，你觉得他们（ 酷 ）吗？

(a) 极限运动是一项难度高，很有**刺激性**的运动。

极限运动是一项难度高，很有（............）的运动。 [1]

(b) 酷跑玩家除了跑得很快很**迅速**，还要越过许多障碍。

酷跑玩家除了跑得很快很（............），还要越过许多障碍。 [1]

(c) 为了获得所需要的**享受**，人们便开始追求更为强烈的刺激。

为了获得所需要的（............），人们便开始追求更为强烈的刺激。 [1]

(d) 极限运动的**口号**是"更高、更快、更强"。

极限运动的（............）是"更高、更快、更强"。 [1]

(e) 在完成一项极限运动之前，玩家并不**相信**自己能否做得到。

在完成一项极限运动之前，玩家并不（............）自己能否做得到。 [1]

(b) 极限运动对于**心理**素质要求非常高。

极限运动对于（............）素质要求非常高。 [1]

(g) 有些**科学家**认为极限运动是人与自然互相尊重的运动。

有些（............）认为极限运动是人与自然互相尊重的运动。 [1]

(h) 在你闲暇的时候，可以到户外尝试极限运动，比如攀岩、酷跑、**帆船**等。

在你闲暇的时候，可以到户外尝试极限运动，比如攀岩、酷跑、（............）等。 [1]

[总分：8]

练习四，问题 9(a)–(h)

你将听到一段家用电器销售员与顾客之间的对话。

请听下面的对话，你将听到两遍，在唯一正确的括号内打钩（√）回答问题。

请先阅读一下问题。

(a) "蓝猫精灵"…………。

　　A　是一种电视机　□

　　B　是一种手机软件　□

　　C　可以控制电器　□ [1]

(b) 折衣服的机器可以把衣服…………。

　　A　先烘干，再折好　□

　　B　一件一件折好　□

　　C　折好，再放进衣柜　□ [1]

(c) 以下哪个不是懒人洗澡机的功能？

　　A　温水按摩　□

　　B　播放电影　□

　　C　辅助洗澡　□ [1]

(d) 懒人洗澡机现在的价格是多少？

　　A　10,000 元　□

　　B　2,600 元　□

　　C　5,988 元　□ [1]

(e) 只要消费超过 10,000 元，顾客就可以获得 ....

    A 一台洗澡机 ☐

    B 一台洗碗机 ☐

    C 一台炒菜机 ☐   [1]

(f) 最新款的炒菜机不可以 ....。

    A 煮汤 ☐

    B 烤面包 ☐

    C 洗菜切菜 ☐   [1]

(g) 听完销售员的介绍，这位顾客 ....。

    A 感觉很开心 ☐

    B 不太满意 ☐

    C 立刻下单 ☐   [1]

(h) 最后，这位顾客 ....。

    A 和朋友一起购买 ☐

    B 再也不用做家务了 ☐

    C 想得到更多优惠 ☐   [1]

[总分：8]

听力模拟试卷（一）听力文本及答案

练习一，问题 1 至 6

你将听到六段录音，每段录音两遍。请在相应的横线上回答问题 1 至 6。回答应简短扼要。每段录音后会有停顿，请在停顿期间阅读问题。

录音 1：

男：你好！我们已经等了 30 分钟了，我们都饿坏了。

女：不好意思。我可以看一下您的号码吗？

男：我的号码是 15 号。

女：嗯，好的，我来帮您查一下。很快就到您了，差不多还需要 10 分钟。请您再耐心等一下，谢谢。

录音 2：

男：嗨，丽华。刚才张伟找到你了吗？

女：哦，我没有见到张伟啊，怎么了？

男：啊？他刚才急着找你，他说他昨天把他的作业忘在你家了。你们老师说，如果今天他还不能交作业的话，明天放学之后就要留在教室写反思了。

录音 3：

(微信语音留言)

李明，妈妈去上班了。早餐我已经做好放在桌子上了，午餐你就自己下楼买饭或者点外卖。今天妈妈要加班，应该晚上十点才能回来。你这个星期六就要参加钢琴七级考试了，记得一定要继续练钢琴啊。还有，今天下午两点你要去补习班。大概五点左右，爸爸回来后会带你出去吃晚餐。

录音 4：

感谢大家抽出宝贵的时间来与我们一起关注青少年的睡眠质量问题。现今，越来越多的青少年饱受睡眠问题的困扰，有的因为学业繁忙而睡不够，有的因为沉迷网络游戏而不肯早睡，还有的因为同学矛盾等问题而失眠，青少年的睡眠问题越来越需要引起重视。今天很荣幸邀请到著名的青少年心理学专家张博士，为我们分享青少年睡眠质量问题的讲座。

录音5：
尊敬的旅客朋友，我们非常抱歉地通知您，高文地铁站现在不能正常运作，如果您的目的地是高文地铁站或者需要经过该地铁站，请及时调整您的路线。我们已经安排好免费大巴在后港地铁站Ａ口和实龙岗地铁站Ａ口接送您。为您带来不便，我们感到非常抱歉，谢谢您的理解和支持。

录音6：
俊杰：伟恩，恭喜你又拿到了学校演讲比赛的第一名，我真的很羡慕你！
伟恩：谢谢你，俊杰！不过，我还是觉得你也应该报名参加这个比赛，你一直很努力又很爱读书。如果你参加，说不定会得第一名呢，毕竟你一直都在演讲培训班接受专业的演讲训练，上次你在中文班里的演讲很精彩，我到现在还记得特别清楚呢！

练习二，问题7
你将听到一位老师关于宅文化的介绍。你将听到两遍。请听录音，然后回答问题。
请先阅读一下问题。

近几年，社会上出现越来越多的宅男宅女。那什么是"宅男宅女"呢？所谓的"宅男宅女"就是指长期待在家里不出门的人，这些人以二三十岁的年轻人为主。

随着互联网的发展与普及，社会压力加大，很多年轻人觉得"宅"在家里也是一种时尚的生活方式。他们大都沉迷于自己的兴趣爱好当中，不希望自己的生活被别人打扰。他们也不需要社交，更不想处理与邻居、朋友之间的问题。

据调查，他们不喜欢出去找一份固定的工作，有些人甚至不打算在28岁以前找工作。他们大部分从事的是自由职业，比如自由撰稿人、设计师、艺术家等，可能收入不高或不稳定，但一定是自己感兴趣的行业，他们生活的目的并不是赚钱，而是享受当下。

但是，很多宅男宅女都存在一定的性格问题。由于社交能力差，很多人会感到孤单、无助，这增加了他们患上抑郁症的风险。此外，也有部分人由于学业或事业上遇到了挫折，找不到奋斗目标，"宅"在家里成了他们逃避社会的一种方式。长期这样，他们将来可能会无法融入社会。

练习三，问题 8

你将听到一位老师关于学生出国游学的介绍。你将听到两遍。请根据听到的信息改正每句话里画线的词语，把答案写在括号里。

请先阅读一下问题。

最近，一条"全班只有我儿子没出过国"的新闻登上了微博热搜榜，一时间引起人们对出国游学的广泛关注。现在随着中国家庭收入水平的提高，越来越多的父母在假期为孩子安排海外游学。据统计，在 2019 年有将近 100 万学生出国游学。

的确，去海外游学的好处数不胜数。首先，游学可以让学生开拓视野。这些孩子走出国门去到陌生的国家，可以学到很多书本上学不到的知识。在游学期间，必不可少的行程是游览有名的景点，体验当地的风俗文化，这些对于青少年来说都是难得的体验。

其次，通过游学，参加者可以迅速地提高他们的外语水平。很多家长选择送孩子去西方国家游学，其中一个最重要的原因就是希望孩子可以沉浸在英语的语言环境中。出国游学可以帮助孩子创造一个真实的语言学习环境，使他们有更多机会和当地人用英语交流，从而提高英语水平。

最后，在游学期间，学生有机会走进欧美的课堂，与当地学生成为同学，这样可以让他们了解到西方的教学方式。有些游学团还会带学生参观国外著名学府。这些出国游学的学生，将来大部分也会选择出国读书，所以现在带他们提早参观名校，可以使他们对名校更加向往，增强学习的动力。

当然，海外游学也存在一定的弊端。有些游学和假期旅行没有什么区别，只是到名校和各大景点逛一圈儿，并未深入了解当地的文化。另外，由于学生年龄较小，在海外游学时意外的事情也常有发生。

作为一名老师，我个人建议，游学前要规划好游学路线，提前做好充分的准备，选择口碑不错的游学公司，才能让游学变得更有意义。否则的话，花这么多钱去游学的意义不大。

练习四，问题9

你将听到一段对作家石悦的采访。

请听下面的采访，你将听到两遍，在唯一正确的方格内打钩（√）回答问题。

请先阅读一下问题。

主持人：你好，石悦先生。请问你大学是学历史的吗？

石　悦：你好，主持人。很多人都问过我这个问题，但是答案是否定的。上大学前，父母一直希望我在未来成为一名律师，所以我大学选了法学专业。但是我却喜欢深入思考历史问题，我的法学专业导师始终认为我是他所有学生中，最酷爱阅读历史书的一个奇怪的学生。

主持人：那你几岁开始接触历史呢？

石　悦：我现在已经35岁了，25年前，我跟我爸爸去逛书店时，一本《上下五千年》吸引了我的眼球。我到现在还记得那本书定价是6元，而我爸爸当时每个月工资只有23元，但是他看到我爱不释手，就毫不犹豫地给我买了。在接下来的3年中，我把这本书读了六七遍，每读一次都会有不同的感受。从此以后，看历史书成了我的业余爱好。

主持人：看历史书给你带来了哪些好处？

石　悦：我中学的时候就读完了"二十四史"和《资治通鉴》。我的老师说读完这两套书对大学历史系的学生来说都有些困难，但是我却读得津津有味，还经常和我的历史老师探讨呢。所以我从来没有为我的历史成绩而烦恼过，我的历史老师还成为我无话不谈的良师益友。

主持人：那你在写《明朝那些事儿》的时候遇到过什么难题吗？

石　悦：还挺多的。因为大多数人都认为写历史书应该是历史学家的事，特别是我的妻子，她不理解我为什么不老老实实做一个律师，还担心我忙于写书，会耽误了工作。

主持人：那你的亲朋好友怎么看呢？

石　悦：我的父母更不用说了，他们向来重视家庭，因为写书这事，我可没少受到他们的批评。我的朋友也不例外，都苦口婆心地劝我以事业和家庭为重。可是我就是个很倔强的人，他们反对，我就每天晚上偷偷写。所以我的第一本书整整花了两年时间。

主持人：真佩服你！当你看到你的7本书都深受读者喜爱的时候，你的生活有什么改变吗？

石　悦：最大的改变是我辞掉了律师的工作。因为书的销量还不错，而且我还有很多其他的书要出版，实在是太忙了。我很喜欢现在的工作，我的家人也为我感到高兴，也不再反对我写书了。

主持人：在你写书的过程中，你感觉最幸福的时刻是什么时候？

石　悦：这个很难说。当我看到很多读者为购买我的新书而连夜排队时，我很有满足感。但是让我最开心的还是当我在写那些历史事件的时候，好像我穿越了时光，回到了历史中，感觉非常棒。当然，写书给家人带来了优越的生活，这一点也使我感到欣慰。

参考答案

练习一，问题 1 至 6

1. 10 分钟 2. 着急 3. 练钢琴 4. 3 个

5. (免费) 大巴 6. 中文班

练习二，问题 7(a)–(h)

(a) 长期 (b) 生活方式 (c) 打扰 (d) 固定

(e) 设计师 (f) 赚钱 (g) 抑郁症 (h) 逃避

练习三，问题 8(a)–(h)

(a) 假期 (b) 陌生 (c) 体验 (d) 西方国家

(e) 了解 (f) 动力 (g) 假期旅行 (h) 规划

练习四，问题 9(a)–(h)

(a) B (b) A (c) A (d) C

(e) B (f) C (g) B (h) B

听力模拟试卷（二）听力文本及答案

练习一，问题 1 至 6

你将听到六段录音，每段录音两遍。请在相应的横线上回答问题 1 至 6。回答应简短扼要。每段录音后会有停顿，请在停顿期间阅读问题。

录音 1：

男：您好，我想借这几本书，您可以帮我找一下吗？
女：好的。请问您是会员吗？
男：是的，这是我的会员卡。
女：好的。请把书给我……已经好了。这几本书您可以借四周，请记得，您要在 12 月 5 号前归还。逾期会有罚款，不过，别担心，图书馆的系统会提前一周发短信提醒您。
男：好的，谢谢您。

录音 2：

早上好，亲爱的听众朋友们！我是主持人小哲。欢迎收听 FM 933 交通广播。最新消息，南京路与中山路交接处有严重的堵车情况。我们的热心听众王先生打电话向我们反映，他堵在那里快 1 个小时了。现在已经有交警在指挥交通，预计通车还需要 20—30 分钟。请附近开车的朋友安排好行车路线，尽量避开这个路段。

录音 3：

张伟：王晴，你最近过得怎么样？
王晴：还好。你呢，张伟？有什么特别的事发生吗？
张伟：不算是特别的事情，上周末我和一个老同学一起去看了《蜘蛛侠》，非常精彩。你看了吗？
王晴：太巧了，我也刚看过。我最喜欢电影里的男主角，他不但颜值高，演技好，而且很善良，对朋友也很忠诚。你喜欢哪个角色？
张伟：我和你看法不太一样，我更喜欢女主角。

录音 4：

同学们，大家好！下学期我们学校会开设一项新的课外活动，那就是太极拳。我们邀请了著名的太极拳专家——陈伟明老师担任教练。他从 3 岁就开始练太极，获得过很多太极拳比赛的大奖，去年还在北京电视台主办的春节晚会上表演了太极拳。对太极拳有兴趣的同学现在可以报名了。

录音 5：

女：大卫，马上就要出发去机场了。你东西都准备好了吗？

男：应该都准备好了。老师说最主要的是护照和签证，其他的生活用品按照这张清单准备就行了。

女：你的状态看起来不错。你不紧张吧？

男：不紧张，我一直都很想去北京，中文课上有很多关于北京的介绍。听说北京有各种各样的美食和名胜古迹，北京人也很热情好客，而且我觉得这次游学回来后我的中文应该会有很大进步吧！

录音 6：

3 月 5 日下午 3 点半左右，位于石家庄市北二环的盛兴小区发生火灾，请看我身后的现场情况。整栋大楼浓烟滚滚，火势很大。消防人员正在全力灭火，营救被困人员。很多年轻人已经从里面逃离出来了，现在正坐在路边，有医疗人员帮他们检查受伤情况。据小区保安介绍，有些住在较高楼层的老年人还没有出来。目前起火原因和人员伤亡情况还不清楚。《光明日报》记者李贤明为您报道。

练习二，问题 7

你将听到一位教育专家谈论亲子间代沟的问题。你将听到两遍。请听录音，然后回答问题。请先阅读一下问题。

> 各位家长朋友：
>
> 大家早上好！我相信大家应该都看到了最近的一项调查：香港社会福利署对 2,000 名 12 至 16 岁的青少年进行调查，目的是了解亲子间代沟的问题。调查显示，超过九成的青少年说自己与父母沟通时存在代沟问题。

本人认为主要有以下几个原因：

首先，青少年认为自己长大了，应该要独立，要自己做决定了。有时孩子坚持自己的想法，而父母却极力地反对，父母忽视他们的意见，造成了孩子与父母之间的矛盾。

其次，青少年的生活离不开手机。大部分青少年都喜欢低头玩手机，沉迷于网络游戏、社交媒体等，而父母却只关注孩子的学习成绩。因此，因为孩子使用手机而导致家庭矛盾的案例也时有发生。

最后，父母还想干涉孩子交友。俗话说："近朱者赤，近墨者黑。"对孩子来说，朋友至关重要，而父母怕孩子交上坏朋友，染上坏习惯，就会偷偷检查孩子的手机。有些父母经常在社交媒体上查看孩子的动态，这让孩子很反感。

总之，代沟引起了很多冲突，给家庭生活带来了一些不和谐。长期这样，会影响青少年的成长。

希望我的演讲对大家了解代沟问题有所帮助！谢谢大家！

练习三，问题 8

你将听到一位演讲者讲述俞敏洪的人生经历。你将听到两遍。请根据听到的信息改正每句话里画线的词语，把答案写在括号里。

请先阅读一下问题。

今天我要跟大家介绍的人物叫俞敏洪。对于俞敏洪，你可能不熟悉，但是对于学英语的中国学生来说，每个人都非常熟知。

每当人们想要出国留学时，首先想到的就是参加英语培训班。在中国，英语培训班简直是遍地开花，但是新东方却成了中国最知名的品牌。1993年，之前在北京大学教书的俞敏洪创办了第一所新东方英语培训学校。最初，新东方只是为想要出国留学的人提供咨询和建议，并教他们如何在短时间内快速地提高英语。然而，经过20多年的努力，俞敏洪已经把新东方发展成了在全国拥有60多所分校、近千所培训中心的大型教育机构。

当年高考时，英语满分100分，俞敏洪只考了33分。高考失败后，他并没有放弃，第二年又考了一次，这次他的英语成绩提高到了55分。两次失败的经历让他决定放弃高考，可是他的母亲坚信俞敏洪一定会成功，坚持让他再试一次。

在第三次高考中，他的英语成绩提升到 95 分，顺利考上了北京大学西班牙语专业。大学毕业后，他留校做了一名西班牙语老师。同时，为了多赚些钱，他开始给校外的学生补习英语。但是北京大学禁止老师在校外兼职，他只好辞职创办自己的学校。发展至今，新东方已经成为全国家喻户晓的英语培训名校。

很多新东方的学生受俞敏洪的影响，对学英语产生了极大的热情。俞敏洪也写了多本激励人们上进的书，比如《愿你的青春不负梦想》《生命如一泓清水》，希望更多的人在一次又一次面临困境时，能坚持到底，不要轻易放弃。其中有一本就叫作《永不言弃》，现在还被翻译成英语版本。另外，俞敏洪在担任新东方校长的同时，也成为全球有名的作家、教育家和企业家。他可以说是一个对社会做出杰出贡献的人物。

练习四，问题 9

你将听到一段有关网络诈骗的采访。

请听下面的采访，你将听到两遍，在唯一正确的方格内打钩（√）回答问题。

请先阅读一下问题。

主持人：各位观众，大家早上好！随着网络的发展，近几年网络诈骗越来越常见，尤其是对于老人，更是防不胜防。今天我们有幸邀请到网络安全专家吴浩然先生来和大家谈一谈这个话题。

吴先生：是的，近日有新闻报道，著名歌手刘玲玲的母亲因网络诈骗损失 3,000 元。据刘玲玲说，当时她的母亲接到一个陌生电话，说她被某个电视节目选中幸运观众了，中了 100 万大奖。3 个小时后就会把奖金转到她的银行卡里，但是必须先提供银行账号和身份信息，并支付 3,000 元的保险金才能领奖。她母亲信以为真就照做了。接着，骗子又说还需要转 5,000 元的手续费才能领奖金，正在转账时，幸亏被刘玲玲及时发现，这笔钱才没有被骗走，不然损失更多。

主持人：这个新闻确实引起了市民的广泛讨论。吴先生，为什么老人频繁成为网络诈骗的受害者呢？

吴先生：网络上老人经常被骗，主要是因为骗子们抓住了老人普遍勤俭节约或者喜欢占小便宜的心理。所以大多数老人对网络产生了不太好的印象，认为网络上充满了诈骗和虚假信息。但是，不可否认，网络也给他们带来了很多方便。上网广交朋友改善了很多老人寂寞的生活，还有老人很喜欢在网上看新闻。另一份调查报告显示，85%被骗的老人都不和子女住在一起。

主持人：吴先生，请您给现场观众朋友分享一下防止网络诈骗的妙招。

吴先生：首先，老人要确保密码不能太简单，至少8个字符，尽量不要使用出生日期、手机号码、邮编等容易被猜到的数字做密码。如果记忆力不是很好，不妨使用指纹解锁。还有，我们也可以通过手机上的隐私设置，限制陌生人随意来电。

其次，为了避免骗局，老人们不要轻易打开陌生人发来的电子邮件、网络链接、语音通话、视频通话等，更不要轻易相信陌生人说的话。遇到转账等事情时，请老人们一定先告诉子女。

最后，如果老人需要网购，就只选择值得信任的购物网站，比如京东、淘宝等，不要随便去一些不安全的网站买东西。我建议老年朋友最好在孩子的陪同下上网购物。

主持人：谢谢吴先生的分享。老年朋友有任何关于网络诈骗的问题，也可以拨打我们的热线电话咨询，我们的电话是010-62766666。在此希望老年朋友多认真参考这些建议，安全地享受网络带来的好处。

参考答案

练习一，问题1至6

1. 7天
2. 打电话
3. 男主角
4. 春节晚会
5. 不错/兴奋/开心
6. （住在较高楼层的）老年人

练习二，问题7(a)–(h)

(a) （一项）调查
(b) 九十
(c) 做决定
(d) 意见
(e) 学习成绩
(f) 坏朋友
(g) 反感
(h) 成长

练习三，问题8(a)–(h)

(a) 品牌
(b) 建议
(c) 大型
(d) 55分
(e) 西班牙语
(f) （极大的）热情
(g) 永不言弃
(h) 教育家

练习四，问题9(a)–(h)

(a) C
(b) B
(c) A
(d) C
(e) C
(f) A
(g) C
(h) C

听力模拟试卷（三）听力文本及答案

练习一，问题1至6

你将听到六段录音，每段录音两遍。请在相应的横线上回答问题1至6。回答应简短扼要。每段录音后会有停顿，请在停顿期间阅读问题。

录音1：
亲爱的朋友们，还有10分钟，我们就要抵达目的地——长城。请带好您的贵重物品，其他物品可以放在车上。我们的大巴会停在停车场B区13号的位置。大家下车后，先跟我在入口处拍照，拍完后我们再一起上去。请问，都听明白了吗？

录音2：
（微信语音留言）
贤明妈妈，您好！我是贤明的中文老师，想找您谈谈贤明忘带书的问题。今天他又忘记带书了，这已经是这个月第7次了。希望您有空儿的时候，可以和贤明一起来学校找我，我们当面沟通一下该如何帮助他。

录音3：
女生：一会儿你想买什么？
男生：我要买一支笔和一些文件夹。你呢？
女生：我就随便逛逛吧。哦，我可能需要买一些颜料和画纸，我们美术老师说下周出去写生。我很喜欢写生，不过外面的天气又热又晒，经常影响我画画儿，每次都要多画几张才满意。
男生：嗯，那你需要多准备一些，免得到时候不够了。

录音4：
闪付是近几年最流行的支付方式之一，与现金支付、刷卡支付不同的是，闪付只需要把卡靠近刷卡机就可以完成付款了，完全不需要输入密码或者签名，更不需要找零钱，最受年轻人的欢迎。现在200块钱以下都能使用闪付，既方便又快捷。

录音 5：

（在飞机上）

乘客：为什么你们晚点这么久？不是 7 点 20 起飞吗？现在都 8 点半了。我中间还要转机呢，下一班飞机是 11 点的，我要是赶不上怎么办？

空乘：不好意思，有个乘客突然不舒服，我们必须安排好他下飞机才可以起飞。很抱歉，现在我们要起飞了，预计飞行时间是 1 个小时，大概 9 点 30 分到达。

乘客：如果耽误了我转机，你们要负责！

录音 6：

欢迎你们来到我的新家。这里是客厅，你们可以坐在沙发上聊聊天儿、看看电视。那边是阳台，可以去看看外面的风景，视野很开阔。左边是我们和孩子的卧室，右边有书房和练琴房。不要拘束，请随意参观。

练习二，问题 7

你将听到一位同学关于极简主义的演讲。你将听到两遍。请听录音，然后回答问题。

请先阅读一下问题。

"极简主义"是第二次世界大战后出现的一种新的生活方式，但近几年才被人们熟知。有人认为极简主义就是尽可能地"一无所有"，也有人认为只有心里放空了，你才能装得下全世界。

我们的人生就是一个不断选择又不断放弃的过程。作为学生，可以选择只专注于学业，也可以选择全面发展——兼顾学业、运动、社交、生活技能等。不管选择了什么，只要你觉得有意义就好。如果你觉得身心疲惫，听不到内心的声音，那么你就需要学会放弃，别让自己因为那些不重要的事而烦恼不已。

中国著名电影明星周润发，曾多次获得电影最佳男主角奖，身价 56 亿港币，但是他却喜欢坐地铁、挤公交、逛菜市场等。他说他喜欢做一个简单幸福的普通人。著名音乐人李健，不用智能手机，没有微信，联系他只能打电话、发短信，朋友们都说他还活在 2G 时代，可是他认为手机里很多信息是无用的，现在人们几乎都机不离手，不停地发微信、刷抖音、看朋友圈，每天看起来特别忙，可是很多该做的事情却没有做。

> 极简主义者就是看明白了这些，选择从繁杂的生活中挑选出自己最在意的东西，抛开不必要的东西，去认真享受生活。

练习三，问题 8

你将听到一位心理学家关于青少年使用社交媒体的讲座。你将听到两遍。请根据听到的信息改正每句话里画线的词语，把答案写在括号里。

请先阅读一下问题。

> 大家好！我叫王大伟，是一名心理学家。我研究青少年心理健康已经18年了，今天我想和大家谈谈青少年使用社交媒体的话题。
>
> 近几年，随着微博、微信等社交软件的出现，很多青少年沉迷网络社交。不可否认，社交媒体给我们带来了很多好处。第一，社交媒体可以让大家紧跟时尚潮流，了解最新发生的事情，开阔视野，足不出户便可知天下事。第二，社交媒体可以让大家随时随地联络到朋友，比如当心里有烦恼时，可以在网上跟朋友聊一聊，很可能就解决问题了。第三，学生们也可以在社交媒体上参加学习小组，一边讨论功课，一边增进感情，所以使用社交媒体可以说是一举多得。另外，有超过40%的中学生表示，在他们没人陪伴的时候，社交媒体在一定程度上帮助他们缓解了孤独的感受。
>
> 然而，过度使用社交媒体有不少负面影响。第一，研究发现，青少年每天使用社交媒体超过3个小时更容易抑郁。很多青少年喜欢在社交媒体上记录自己的生活，当他们看到别人的生活很完美时，就会对自己的生活感到不满，觉得不开心，严重的甚至会患上抑郁症。第二，也可能导致青少年过度沉迷于虚拟世界，而忽略身边的亲朋好友。网上有句流行语："世界上最远的距离不是生与死，而是我在你面前，你却在玩手机。"第三，长期在网上社交，也会影响青少年的社交能力。很多年轻人习惯了在网上交流，当和别人面对面说话时，会感到不舒服，浑身不自在。
>
> 总之，社交媒体是一把双刃剑，有利也有弊。我们应该尽量少用电子产品，保持健康的生活方式，多做健康的休闲活动，这样我们才能开心愉快地度过每一天。
>
> 希望今天的演讲对大家有帮助！谢谢！

练习四，问题 9

你将听到一段电台主持人对一位社会学家的采访。

请听下面的采访，你将听到两遍，在唯一正确的方格内打钩（√）回答问题。

请先阅读一下问题。

主持人：您好，王先生！随着国内生育政策的放开，到底要不要生第二个、第三个孩子成了人们热议的话题。您是国内知名的社会学家，今天想请您和大家好好儿谈谈这个问题。

王先生：您好，主持人！我已经多次被大家问到这个问题了。

主持人：之前政府规定一个家庭只能生一个孩子，现在为什么会鼓励大家多生一个或两个呢？

王先生：大家都知道中国是一个人口大国。在20世纪80年代，为了控制人口增长，国家推行了计划生育政策，也就是一般情况下一个家庭只能生一个孩子。但是，这几年随着社会的发展，中国逐渐步入了人口老龄化阶段。为了解决这个问题，国家在2015年10月提出了全面推行二孩政策，在2021年5月又提出了三孩政策。

主持人：那人们对于新政策有什么看法呢？

王先生：有人支持，也有人反对。反对的人认为多生孩子并不难，养育孩子再辛苦也不怕，但是养孩子需要家庭有不错的经济实力，现在奶粉贵、看病贵、教育贵、买房贵，他们觉得养好一个孩子很难。对于是否要多生孩子，经济问题是父母们最大的顾虑。

主持人：支持新政策的父母是怎么考虑的？

王先生：据我了解，现在很多父母不想生太多，只想生两个。一是受中国多子多福传统思想的影响，他们认为多一个孩子，福气也会增多。二是希望自己的孩子可以有个弟弟或妹妹陪伴，成长过程中不会太孤单，当自己老去的时候，孩子们也可以互相照顾。三是工作、生活压力太大，虽然养两个孩子需要很多时间，但有老人帮忙，就能照顾好。如果生三个，就没办法照顾了。

主持人：王先生，您个人又是如何看待的呢？

王先生：我认为不管是对于家庭还是对于孩子而言，这都是一件利大于弊的事情。对于家庭来说，家中多了一位或两位成员，会更加热闹，更加温馨。对于孩子来说，可以让孩子培养好的品格。现在很多独生子女的家庭几乎把所有重心都放在孩子身上，太过于溺爱孩子，除了学习，不让他们做任何家务，整天过着"衣来伸手，饭来张口"的生活，这样的家庭环境对孩子的成长非常不利。

主持人：我听说大部分孩子并不赞成父母再给自己生个弟弟或者妹妹。他们担心有了弟弟妹妹，父母对他们的关爱就会减少。您觉得呢？

王先生：对于很多父母来说，他们对自己孩子的爱是无私的，是不会变少的。实际上，有了弟弟妹妹之后，父母反而会更加关心老大，这是因为父母也深知老大的担忧和顾虑。

主持人：谢谢王先生！相信听众朋友听了王先生的分享，对现在的生育政策会有更全面的了解，我们今天的访谈到此结束。谢谢收听！

参考答案

练习一，问题 1 至 6

1. B 区 13 号　　2. 学校　　3. 又热又晒　　4. 年轻人

5. 生气 / 着急　　6. 看风景

练习二，问题 7(a)–(h)

(a) 近几年　　(b) 放空　　(c) 社交　　(d) 放弃

(e) 普通人　　(f) 无用　　(g) 该做的事情　　(h) 繁杂

练习三，问题 8(a)–(h)

(a) 最新　　(b) 增进感情　　(c) 孤独　　(d) 抑郁

(e)（很）完美　　(f) 虚拟　　(g) 习惯　　(h) 电子产品

练习四，问题 9(a)–(h)

(a) A　　(b) C　　(c) A　　(d) A

(e) C　　(f) B　　(g) B　　(h) C

听力模拟试卷（四）听力文本及答案

练习一，问题1至6

你将听到六段录音，每段录音两遍。请在相应的横线上回答问题1至6。回答应简短扼要。每段录音后会有停顿，请在停顿期间阅读问题。

录音1：

男：你想好了吗？我们去看《叶问5》，还是《前任3：再见前任》呢？
女：我都行。你选吧。
男：那我们选《叶问5》吧。你想坐在哪里？前面一点儿吧，比较有感觉。
女：也不要太靠前吧，看久了，脖子疼。选中间，这两个位子好像不错。
男：好的，选好了。2点30分才开始，我们去买点儿吃的吧。

录音2：

（微信语音留言）

王慧，你在做什么呢？明天就开学了，又可以见到你了。我在Facebook上看到你去欧洲旅行了，我真羡慕你！我假期就只是待在家里了，哪儿也没去，每天不是练小提琴、练体操，就是补习、做功课。哦，对了，你的假期作业都做完了吗？如果不忙，听到留言就给我打个电话，我们聊聊吧。

录音3：

运动助手提醒您：运动已暂停。恭喜您，您今天已经完成了7公里的慢跑，用时45分钟。您今天的表现非常棒，请继续保持。现在请深呼吸，3分钟后赶紧做一下拉伸运动吧。运动助手期待下一次为您服务！

录音4：

（飞机颠簸）

亲爱的旅客朋友们，前方有不稳定气流，我们的飞机可能会出现颠簸。请大家立刻回到自己的座位，并系好安全带。同时，我们也会暂停客舱服务。洗手间也会在5分钟后停止使用，谢谢您的配合。

录音 5：

孩子：妈，我没想到你每天那么累，我应该早点儿学会帮你做家务。以后家里倒垃圾的任务就交给我吧，我还能做些什么呢？

妈妈：谢谢你，儿子。你能帮我下楼倒垃圾，我已经很知足了。我希望你爸爸也能帮我做些什么。

爸爸：可以，没问题。我不太会收拾东西，那我就负责洗碗和洗衣服吧。

妈妈：太好了。谢谢你们的理解和支持。

录音 6：

客服：您好！感谢您的来电，请问有什么可以帮您的吗？

顾客：您好！我的银行卡弄丢了，我想要挂失。

客服：好的。请问怎么称呼您？

顾客：我姓李。

客服：李小姐，您好！我要先跟您确认一下身份。请问您的身份证号是多少？

顾客：我的身份证号是 13220102150047。

客服：好的，那您最后一次消费是多少钱呢？

顾客：昨天我买了一条裙子，花了 399 元。

客服：好的，您的银行卡已经挂失了，现在账户被冻结，请您尽快带身份证到银行柜台办理新卡，以免影响使用。请问还有别的问题吗？

顾客：没有了，谢谢您。

练习二，问题 7

你将听到一位网络专家关于网络欺凌的演讲。你将听到两遍。请听录音，然后回答问题。请先阅读一下问题。

> 广州市青少年网络欺凌调查报告显示，过去一年约 70% 广州青少年曾遭网络欺凌。常见的网络欺凌方式是通过短信、电话、电子邮件、社交媒体等散布危害他人的言语。
>
> 网络欺凌对于受害者会产生什么影响呢？
>
> 首先，网络欺凌可能给青少年心理上造成伤害，严重的甚至会影响青少年的

性格。如果一个人受到网络欺凌，他的自尊心会受到打击，性格变得内向，不再信任身边的人。其次，受害者可能会产生自我伤害的行为。有些人不想让身边的家长、朋友知道自己被欺凌，就选择沉默，不告诉任何人，这就容易导致他们无法疏解自己的情绪，最终可能会做一些伤害自己的事。

为了避免被欺凌，我希望大家不要随意在网上告诉陌生人自己的个人资料，比如家庭住址、联系方式等。如果遇到网络欺凌，你们可以联系学校老师或者心理辅导员，他们可以帮助你们。另外，最好能告诉家长，家长们会时时刻刻在你们身边。如果情况比较严重的话，收集相关的证据，比如短信、聊天儿记录等，并立即与当地警方联系，使用法律手段来保护自己。

练习三，问题8

你将听到一段中国学生在美国留学时的讲话。你将听到两遍。请根据听到的信息改正每句话里画线的词语，把答案写在括号里。

请先阅读一下问题。

大家好！我是2020级学生欢迎会主席王梅。大家想不想家啊？如果你的答案是："好想哦！"那你跟一年前的我一样。回想起当时的我，刚到美国，心里除了好奇，还有点儿紧张。我们都一样，背井离乡，走出被父母保护的环境，独自来到国外，都会想念家的温暖。当然，新学期开始遇到的问题不止这些。所以，先由我来和你们分享一下留学的经验，你们现在遇到的问题，都是有办法解决的！

对于大部分来自中国的学生来说，遇到的最大的问题就是文化差异，很多学生渐渐陷入"交得了作业，交不到朋友"的社交困局。上课时，很多人虽然听得懂课，却听不懂笑话。因为语言上的障碍，可能又不愿意主动跟教授沟通。另外，我们习惯了国内老师一言堂的讲课方式，所以常常不适应小组讨论。来自这方面的压力，的确不容易面对，但是不要害怕。

其实，以我和朋友们的经验来看，解决这个问题最好的办法是要提前做好心理准备，大家可以在这段时间里上网多了解美国和中国的文化差异。另外，我认为更重要的是要尽可能地提升自己的语言表达水平。有了较高的语言水平，你们不但能扩大社交圈，还可以自信地向教授请教学术问题。我个人认为，作为新人，应该跨出自己的舒适圈，不要怕出错，要敢于结识更多当地人，这样才可以更好地利用这里的资源，增长见闻，学有所成。慢慢地，我相信只要你们有了教授及同学们的支持，你们就可以摆脱孤单的感觉了！到时候，说不定你们会爱上这里的生活呢。

记住，出国留学初期的不适应只是暂时的，过一段时间都能适应新环境。那就请大家咬紧牙关，坚持下去吧！如果还有问题，随时都可以找欢迎会的师兄师姐们询问。欢迎会的成员就是你们在美国的亲人。谢谢大家！

练习四，问题9

你将听到一段关于中国的"新四大发明"的采访。

请听下面的采访，你将听到两遍，在唯一正确的方格内打钩（√）回答问题。

请先阅读一下问题。

记　　者：张小龙先生，今天我想跟您探讨一下中国的"新四大发明"。2017年5月，来自"一带一路"沿线的20个国家的外国青年评选出了中国的"新四大发明"：高铁、扫码支付、共享单车和网购。很多中国青年也认同这个结果。

张小龙：其实，这是一个非常有争议的说法。严格来说，这四项技术并不是中国发明的，只是中国在推广这四项技术方面比较领先。

记　　者：那高铁是哪个国家发明的呢？

张小龙：1964年10月1日，日本东海道新干线正式通车，速度达到每小时210公里。这在世界上标志了高铁时代的到来。2006年3月，日本转让了部分高铁技术给中国，从那时起，中国的高铁时代开始了。目前，中国高铁最快的行驶速度达到每小时350公里，是全世界行驶最快的火车。坐高铁不但舒适，还帮助人们节省了时间，而且也非常环保。不过，也有人认为并不是每个人都能承担得起高昂的票价。

记　　者：比起高铁，扫码支付更让大家觉得科技时代真是影响到了我们生活的方方面面。

张小龙：对，在中国，无论是支付宝或者微信支付，只要扫一下二维码，交易就完成了。今天中国网民达到7.31亿，其中67%的网民已经习惯了网购。

网购既方便又快捷。现在只要有一部手机，就可以轻松购物，而且也不用为出门忘记带钱而烦恼。这种付钱的新方式，一开始还让很多人不放心，结果也就一两年的时间，不管是六七十岁老人，还是十几岁的孩子，都在放心使用了。

记　　者：是的，最后，我想问您一下对共享单车有什么看法呢？

张小龙：从2015年共享单车出现至今，短短几年时间，共享单车迅速占领了中国的大街小巷。我们不得不承认共享单车的好处很多，比如锻炼身体、低碳环保等，但是也出现了很多不文明的现象，比如随意停放、故意破坏单车等。

记　　者：那您认为这些不文明的现象现在还有吗？

张小龙：随着大家对共享单车的理念越来越了解，我认为这些不文明现象已经在减少了。因为它给人们带来了极大的便利，所以大家都不希望共享单车公司倒闭，市民都在互相监督、互相提醒，减少不文明使用单车的现象。我相信只要大家都做出一些改变，我们的城市会变得更美好！

记　　者：是的，让我们一起文明享受新科技带来的便利。谢谢您接受我们的采访！

参考答案

练习一，问题 1 至 6

1. 中间　　　　2. (去欧洲)旅行　　3. 45分钟　　　4. 客舱
5. 开心/感动/欣慰　6. (一条)裙子

练习二，问题 7(a)–(h)

(a) 青少年　　(b) 电子邮件　　(c) 性格　　(d) 信任
(e) 疏解　　　(f) 陌生人　　　(g) 告诉　　(h) 使用

练习三，问题 8(a)–(h)

(a) 好奇　　(b) 文化　　(c) 小组讨论　　(d) 经验
(e) 自信　　(f) 当地人　(g) 教授　　　　(h) 暂时

练习四，问题 9(a)–(h)

(a) B　　(b) C　　(c) A　　(d) C
(e) B　　(f) B　　(g) B　　(h) C

听力模拟试卷（五）听力文本及答案

练习一，问题1至6

你将听到六段录音，每段录音两遍。请在相应的横线上回答问题1至6。回答应简短扼要。每段录音后会有停顿，请在停顿期间阅读问题。

录音1：
女：大卫，你来中国都三年了，你习惯中国的食物了吗？
男：我爱上了中国美食。我特别喜欢吃牛肉拉面和小笼包。
女：有没有你吃不习惯的食物呢？
男：除了饺子，别的食物我都吃得习惯。

录音2：
各位同学，中午好！由于现在外面正在下暴雨，所以今天下午的课外活动安排有变化，户外活动全部取消，但室内活动还可以进行，请大家准时参加。

录音3：
男：请问，附近有没有地铁站？
女：有啊！就在不远的地方。
男：怎么走？
女：往东走，到了一个十字路口向右转，嗯……不对，应该是向左转。不好意思，我记得不太清楚。
男：没关系。我用手机查一下地图就知道了。谢谢你！
女：不客气。

录音4：
各位来宾，我们的游戏环节就到此结束了。接下来，我们的表演将正式开始。我相信大家肯定非常期待今天的表演，今天主办方给大家准备了歌曲、舞蹈、魔术等节目。请大家先欣赏由旅游局工作人员带来的歌曲——《老鼠爱大米》。

录音 5：

服务员：请问想喝点儿什么？

顾　客：来一杯焦糖珍珠奶茶。

服务员：好的，大杯，中杯，还是小杯？

顾　客：多少钱一杯？

服务员：大杯 20 元，中杯 18 元，小杯 14 元。冰和糖有什么要求吗？

顾　客：我要一个小杯的吧。少冰，少糖。

服务员：好的。请问还有别的需要吗？

顾　客：没有了，可以用微信支付吗？

服务员：好的，请您扫一下右手边的二维码，微信、支付宝都可以。

录音 6：

亲爱的朋友们，欢迎你们来到水族馆的海狮乐园。我是你们的介绍员小李。今天的海狮表演总共 15 分钟，请还没有找到座位的观众尽快坐下来，以免挡住后面的观众。在此，我要特别提醒一下坐在前两排的观众，请穿好你们的雨衣，或者拿出你们的雨伞，一会儿会有海狮喷水环节，你们可能被淋湿哦！好了，大家准备好了吗？有请我们的第一位海狮——明明出场。

练习二，问题 7

你将听到一段有关现代友谊的介绍。你将听到两遍。请听录音，然后回答问题。

请先阅读一下问题。

在电视剧《老友记》中有这样一段对话："什么船在水里不会沉下去？""友谊。"因为"友谊"的英文是 friendship，分开是 friend 和 ship，ship 就是船的意思。随着网络的不断传播，人们开始对此恶搞，到后来就演变成了"友谊的小船，说翻就翻"。也就是说，两个人坐在象征友谊的小船上，一个人不高兴了，开始乱蹦乱跳，结果把船弄翻了，两个人都掉到水里去了。人们用这句话来表示朋友之间的友情并不坚固，一点儿小事就会让两个人之间的友情受到损害。

南京大学心理学家张博士表示，很多人容易跟朋友关系破裂，主要是因为他们之间缺少共同的价值观，做朋友只是因为对彼此有好处，那么一旦其中一个人的利益受到伤害，他们的关系就会出现问题。很多时候他们会因为鸡毛蒜皮的小事，就不再跟对方做朋友了。

　　南京师范大学朱教授表示，当下社会，每个人都很忙，小孩子忙着参加各种兴趣班、补习班；中年人忙着工作、挣钱、照顾家人；老年人忙着操心子女的衣食住行等问题，身体也越来越差，日常生活已经让他们难以应对了，更是很难去关心其他人。因此，每天都忙忙碌碌的现代人想要有很多真正的朋友会比较困难，也很难像以前的人们那样坐下来谈心，以此加强他们之间的友情，体会朋友的重要性。另外，随着互联网的发展，交朋友变得更容易，很少有人会因为失去一个朋友而难过好长一段时间。现代人的友情，可谓是来得快，去得也快。如果大家遇到了真正的知心朋友，那请你们一定要好好儿珍惜。

练习三，问题8

你将听到一段对网络红人李子柒的采访。你将听到两遍。请根据听到的信息改正每句话里画线的词语，把答案写在括号里。

请先阅读一下问题。

记　者：李子柒，你好！非常高兴你能接受我们节目的采访。你拍的很多视频在中国，甚至在国外都非常受欢迎。那作为一名网络红人，你认为什么样的视频是有意义的？

李子柒：很多人每天都早出晚归，经常加班到夜里。新闻里报道过有些成功人士为了拼事业一天只睡三四个小时，现代人的生活压力太大了。如果一个视频让人看完之后觉得很舒服很减压，让人在繁忙的日子里，依然能感受到世界的美好，我觉得就是一个很有意义的视频。

记　者：嗯，是的。我本人也是你的粉丝，看了你的视频以后，我觉得那才是我想过的生活。我看到很多网友在你的视频下面留言说"看完后，才发现自己一边笑，一边流眼泪"，也有人说"等我退休了，我就要像李子柒一样生活"。请问是什么激发了你的创作？

李子柒：我创作视频的灵感主要来自小时候的成长经历。我从小就跟爷爷一起去农村给别人家做菜，有时我们要给很多客人煮食物，我很喜欢那种热闹、喜庆的生活，我拍视频其实就是在重温儿时的美好记忆，所以我很享受

记　者：	拍视频的过程。

记　者：那当你获奖时，或者看到自己拍的视频点击量累计近30亿次时，你会觉得自己很成功吗？

李子柒：我本来就是向网友展示我自己的真实生活，所以并没有什么成不成功的感觉。

记　者：那你受到过什么负面影响吗？

李子柒：其实，那些所谓的负面评论并不会影响到我。一开始看到很多网友说我造假的时候，我就把我的拍摄花絮也放上去，比如有时刀切到手指了。可是就有网友说我卖惨，是为了赚取点击量。我看完就再也不管那些负面评论了，觉得专心做自己喜欢的事就好。

记　者：是的。这也是网友喜欢你的一个原因，觉得你活出了真实的自己。

练习四，问题9

你将听到一段对东海市生态环境局局长的采访。

请听下面的讲话内容，你将听到两遍，在唯一正确的方格内打钩（√）回答问题。

请先阅读一下问题。

主持人：欢迎大家收看今天的《美好城市》节目。我们有幸邀请到东海市生态环境局李局长做客。李局长您好！

李局长：主持人好！大家好！

主持人：自2020年7月1日，东海市开始实施垃圾分类的新规定后，我们的生活发生了翻天覆地的变化。干垃圾、湿垃圾、有害垃圾和可回收垃圾，让很多市民傻傻分不清楚。李局长，请问政府是怎样向市民宣传垃圾分类的？

李局长：其实，政府主要通过不同的方式向市民宣传垃圾分类的具体信息，比如社区里的讲座、发到每家每户的传单以及政府网站的公告等，这些都对市民有很大的帮助。

主持人：您认为宣传的效果如何？

李局长：我认为总体效果还不错。因为全市在进行垃圾分类的半年里，只有1,000多位市民因为放错垃圾而被警告，300多位被罚款，还有23位因

主持人：垃圾分类在实施的过程中有没有遇到什么困难呢？

李局长：说到困难，肯定还是有的。刚开始，有些市民认为垃圾分类导致生活不方便了，需要花更多的时间来处理生活垃圾。经过半年多的努力，现在大部分市民都非常支持这个环保措施，东海的街道再也没有垃圾桶旁边堆满垃圾的现象了，社区的垃圾量也比以前减少了35%，环境变得干净漂亮了不少。垃圾站的工作人员都纷纷写信来感谢政府，他们的工作轻松了很多，垃圾站的臭味也没以前那么重了。

主持人：东海市现在发生了这么大的变化，是每个市民共同努力的结果。

李局长：是的，我在此感谢大家积极配合政府把垃圾分类这项工作做得那么好。不过，大家不要放松啊！日本几十年前就开始垃圾分类了，我们才刚刚开始，但是现在做也不迟。为进一步提升全体市民对生活垃圾分类的认同度和参与度，生态环境局即将举办"参与垃圾分类，争做文明市民"的主题短视频大赛，全体市民都可以参加，拍摄视频不超过1分钟，在2020年12月30日晚上8：00之前上传到生态环境局官网上，网站会评选出100个优秀视频，奖励现金200元。

主持人：谢谢李局长。希望大家积极参与，继续做好垃圾分类。

参考答案

练习一，问题1至6

1. 饺子
2. 室内（活动）
3. 用手机（查地图）
4. 旅游局
5. 14元
6. 雨衣

练习二，问题7(a)–(h)

(a) 友谊
(b) 损害
(c) 共同
(d) 照顾
(e) 身体
(f) 谈心
(g) 容易
(h) 珍惜

练习三，问题8(a)–(h)

(a) 加班
(b) 减压
(c) 留言
(d) 灵感
(e) 拍视频
(f) 成功
(g) 负面评论
(h) 点击量

练习四，问题9(a)–(h)

(a) C
(b) B
(c) B
(d) C
(e) C
(f) B
(g) B
(h) A

听力模拟试卷（六）听力文本及答案

练习一，问题1至6

你将听到六段录音，每段录音两遍。请在相应的横线上回答问题1至6。回答应简短扼要。每段录音后会有停顿，请在停顿期间阅读问题。

录音1：
医生：你哪里不舒服？
病人：我昨晚肚子疼。
医生：你这两天是不是吃辛辣、油腻的食物了？
病人：嗯，前天我吃了麻辣火锅。昨天我没胃口，只是吃了一些炸鸡，喝了一瓶可乐。
医生：你可能有点儿消化不好。

录音2：
迎收听北京的天气预报。预计明后天北京还会有大面积降雨，早晚温差较大，在6℃到8℃之间，大家要注意防寒保暖。本轮降雨预计不会持续太久，大后天天气就会转晴。

录音3：
（手机短信）
王先生，您好！恭喜您通过了第一轮笔试，请您下周来公司进行第二轮面试。时间暂定于下周二上午9点，请您带上您的学历、学位证书及其他相关证书，我们海外市场部的王经理会亲自面试您，其中会有英文问答。请您确认是否能准时来面试，看到消息请回复。

录音4：
记者30日从民政部新闻发布会上获悉，截至今年8月底，全国共有农村留守儿童697万人，其中从性别比例看，男孩儿占54.5%，女孩儿占45.5%，留守男童多于女童。从年龄结构看，0—5岁儿童占总数的22%，6—13岁的占67%，14—16岁的占11%。

录音 5：

欢迎乘坐 28 路公交车，本车从火车站开往汽车北站，发车时间是 10 点 55 分，预计 11 点 45 分到达终点站。路上，我们会经过中山路、步行街、第五人民医院等。我们也特别提醒您，要留心我们的播报，以免错过您要下车的站点。

录音 6：

女：您好！请把护照和签证给我。
男：好的。终于来到新加坡了，这里都是夏天了，我们那边还在下雪呢！
女：请看这边的摄像头。
男：好。
女：您是来旅游的吗？打算待多久？
男：我自由行，在这里玩 5 天就走。我早就想来了，特别喜欢你们这里的海滩和美食。
女：已经好了，请拿好您的证件，祝您玩得愉快！

练习二，问题 7

你将听到一位同学关于青春片的演讲。你将听到两遍。请听录音，然后回答问题。

请先阅读一下问题。

> 青春片，就是关于青春故事的影片，大多讲述年轻人发生在校园里或离开校园后的，关于爱情、友情、奋斗的故事。
>
> 这几年，各类青春片在中国越来越流行。其中大家比较熟悉的电影有 2010 年的《老男孩》，2011 年的《那些年我们一起追过的女孩》，2013 年的《致青春》《小时代》，2014 年的《同桌的你》《匆匆那年》《北京爱情故事》，还有 2019 年上映的《少年的你》。
>
> 其实，这些青春片故事情节简单，拍摄成本也没有动作片那么高，但是影片中出现的某些场景很容易引起年轻观众的共鸣。所以中国的 90 后、00 后都很喜欢和朋友走进电影院一起欣赏青春片。
>
> 90 后很多是独生子女，和他们的父母相比，90 后从小生活条件比较好，受到了良好的教育，接触到更多新奇的事物，学生时代的生活也丰富多彩一些，所以有很多青春故事值得回忆。现在这些人都已步入了社会，承受着来自工作和生

活方面的各种压力。下班以后，坐在电影院里怀念自己的校园生活，对他们来说无疑是一种很好的减压方式。至于电影本身是不是够精彩，已经不是那么重要了。

练习三，问题 8

你将听到一段电台主持人对茶馆老板的采访。你将听到两遍。请根据听到的信息改正每句话里画线的词语，把答案写在括号里。

请先阅读一下问题。

主持人：欢迎大家收听今天的《生活与人生》，我是主持人小可。人们常说，开门七件事，柴米油盐酱醋茶。无论是在古代社会还是在现代社会，喝茶对中国人来说是非常普遍的。下面请茶馆的老板王祖明先生给我们简单介绍一下茶的起源。

王先生：据说在公元前 2,700 年左右，神农氏在茶树下休息，叶子随风飘进他的水杯。他醒来后抱着好奇的心态尝了一口，顿时觉得口中清香无比，就忍不住又喝了几口。过后，他觉得神清气爽。伟大的饮茶文化就诞生了！但是茶直到唐代才真正在中国流行起来。

主持人：那喝茶会有什么好处呢？

王先生：人们都说茶叶是个宝。茶含有抗氧化剂，可以提高人们的抵抗力，甚至可以预防癌症。对于爱美人士，茶叶是减肥瘦身必备饮品。另外，喝茶也能够使人有精神，提高工作效率等。茶可以算得上是一种神奇的饮品，既能保健养生，又能预防疾病。

主持人：现在好像很多年轻人更喜欢喝咖啡，而不是茶，这是为什么呢？

王先生：据我了解，首先，现在的年轻人受西方文化的影响，更喜欢去咖啡厅喝咖啡，他们觉得喝咖啡比较时尚，而把传统的中国茶看作"老人饮料"。其次，快节奏的生活让年轻人对喝茶失去了兴趣。喝茶讲究慢慢品，传统的中国茶冲泡方式比较复杂，而且那些茶具也易碎，泡茶时需要格外小心，不像泡咖啡那么简单，容易操作。

主持人：茶和咖啡的口感有什么不同呢？

王先生：茶叶的口感有点儿苦。与传统茶相比，虽然咖啡也苦，但是可以根据自己的喜好加入牛奶和糖，所以年轻人更能接受改良之后的咖啡。

主持人：经过王先生的讲解，我想听众朋友们都应该对中国的茶文化非常了解了。谢谢王先生。

练习四，问题 9

你将听到一段对生态环境局局长的采访。

请听下面的采访，你将听到两遍，在唯一正确的方格内打钩（√）回答问题。

请先阅读一下问题。

记者：每当人们提到全球变暖时，我们都会先想到温室气体——二氧化碳。很多人会说，少驾车，多选择公共交通工具就可以了，是这样吗？

局长：其实，和工业相比，汽车产生的二氧化碳可以说是少之又少。温室气体中有85%来自工业，另外一些来自我们的日常生活，还有一些是农业和养殖业。以前空气中的二氧化碳一般都能被大自然吸收掉，转化成氧气，供我们呼吸，但是近200年来，工业发展迅速，人们大量砍伐森林，现在大气层中的二氧化碳含量是以前的3倍。全球变暖的速度加快，导致海平面上升，像马尔代夫、新加坡这样的岛国的处境会越来越危险。我给大家的建议是少吃肉，多吃素食。

记者：您为什么呼吁大家少吃肉呢？

局长：研究表明，由我们日常饮食产生的二氧化碳的量是开车的两倍。当前工业已经在研究如何低碳生产了，作为普通的市民，我们也能为缓解全球变暖做出贡献。美国一所大学做过调查统计，他们发现在过去的50年里，全球100多个国家的饮食结构发生了很大变化，现在人们特别爱吃肉。如果吃肉的情况不减少，到2050年，在养殖牛羊等动物的过程中产生的温室气体会比现在高80%。

记者：所以少吃牛羊肉会比少吃其他的肉更环保吗？

局长：是的。牛羊在生长过程中，不仅需要吃掉大量的草才能长一点儿肉，而且消化食物时还会产生一种叫甲烷的气体。甲烷引起的全球变暖是等量二氧化碳的25倍。与甲烷相比，我们呼吸产生的二氧化碳对环境的影响是非常小的。

记者：哦，怪不得全球变暖现在变得这么严重，就是因为人们对牛羊肉的需求越来越大。很多人最爱的减压方式就是大口喝酒，大块吃肉。

局长：是的。除了对环境造成影响，吃肉也会给人们的健康带来危害，比如高血压、高血脂、肥胖症、心脏病以及癌症等。去年由于禽流感的爆发，肉类价格最高的时候上涨了 8 倍多，很多人虽然抱怨，但是体检时却惊讶地发现他们的高血压和高血脂问题减轻不少。

记者：据我了解，很多人都是无肉不欢，没有肉就不吃饭。那该怎么办呢？

局长：我呼吁大家少吃肉，不是说完全不吃肉。如果一家人每周有两天吃素食，一年下来就能减少 1,600 公斤的二氧化碳排放。这样既能有利于身体健康，也能环保，何乐而不为呢？但是如果真的连一周两天都做不到，用鱼肉或者鸡肉代替牛羊肉也是一个很不错的办法。

参考答案

练习一，问题1至6

1. 炸鸡　　　　2. 大后天　　　　3. 下周二　　　　4. 6—13岁

5. 火车站　　　6. 兴奋/开心/高兴

练习二，问题7(a)–(h)

(a) 爱情　　　　(b) 同桌的你　　(c) 动作片　　　(d) 朋友

(e) 生活（条件）(f) 工作　　　　(g) 减压　　　　(h) 重要

练习三，问题8(a)–(h)

(a) 休息　　　　(b) 唐代　　　　(c) 抵抗力　　　(d) 养生

(e) 西方文化　　(f) 复杂　　　　(g) 操作　　　　(h) 喜好

练习四，问题9(a)–(h)

(a) B　　　　　(b) C　　　　　(c) B　　　　　(d) B

(e) B　　　　　(f) C　　　　　(g) B　　　　　(h) B

听力模拟试卷（七）听力文本及答案

练习一，问题1至6

你将听到六段录音，每段录音两遍。请在相应的横线上回答问题1至6。回答应简短扼要。每段录音后会有停顿，请在停顿期间阅读问题。

录音1：

男：小刘，大老板今天生病了，所以明天的年度总结会议临时取消了。

女：经理，你没有骗我吧？太好了！那我就不用今晚熬夜把文件整理完了。

男：我觉得你只要在周五之前完成就可以了。

录音2：

在全球20多个国家和地区生活的900多位新加坡人组成了一支云合唱团，共同演唱经典爱国歌曲《家》。视频已吸引超过56,000人点击观看。《狮城报》记者王磊报道。

录音3：

女儿：老爸，下周学校要举办亲子运动会，开始报名了。我们一起参加，好吗？

爸爸：运动会？我这体型能参加吗？你要参加哪个比赛项目呢？

女儿：爸，你年轻的时候，不是在学校羽毛球队吗？咱们就参加这个项目吧。

爸爸：我都十几年没有打过球了，还能打吗？

录音4：

各位，不好意思。刚才我家里的网络信号不好，掉线了。现在我们接着讨论。随着科技的发展，越来越多年轻人喜欢"宅"在家里，凡事都喜欢上网解决。那我们如何通过增加外卖服务，来提高饭店的营业额呢？对于这个问题，你们有什么看法？

录音5：

同学们，今天是4月22日，也是"世界地球日"。为了配合这个活动，本周学生会将举办"无清洁工周"活动。希望大家都不要乱丢垃圾，保持校园清洁。我在此提前感谢大家的配合，如果"无清洁工周"活动给大家带来了不便，请多多理解。

录音 6：

男：请问最近有去国外旅行的套餐活动吗？

女：您想去多久？

男：4 天 3 晚的吧。

女：最早是这周六去泰国普吉岛的，5 天 4 晚。原价 3,800 元一个人，包括全部的费用，这里面有酒店接送、三餐、潜水、按摩等。现在公司促销，3,099 元。这是宣传单，您看一下。

男：太好了。那我就定这个旅游套餐吧，可以用支付宝付钱吗？

女：可以。

练习二，问题 7

你将听到一位健康专家关于睡眠与长寿的讲座。你将听到两遍。请听录音，然后回答问题。

请先阅读一下问题。

> 今天我要向大家揭开睡眠的秘密。很多人都认为睡眠越多越好，尤其是对爱美的女士来说，多睡有助于美容养颜。事实真是如此吗？
>
> 首先，睡眠不足会影响我们的身心健康，这一点是毋庸置疑的。许多常见的疾病和睡眠不足有密切的联系。我想大家应该都有这样的经历，前一天晚上熬夜工作，第二天就会觉得头晕头痛，不能集中精力。长期睡眠不足，会使人焦虑，甚至抑郁。
>
> 但是，是不是睡眠越多越好呢？答案是否定的。研究发现，睡觉太多不利于健康长寿。如果每晚睡眠超过 8 个小时，会增加早死的风险。平均每晚睡 10 个小时的人，过早死亡的概率会增加 7%。超过 10 个小时，死于中风的风险会增加到 16%。
>
> 其实，睡眠太多或者太少都不好。成年人每晚睡 7 到 8 个小时是黄金睡眠时间。不过，经常有媒体报道一些成功人士每天只睡三四个小时，但是他们依然精力充沛。这主要是他们体内有一种特殊的基因。总之，以上的研究结果只能给大家参考，具体睡多久还是要因人而异。

练习三，问题 8

你将听到一段有关高中生补习的采访。你将听到两遍。请根据听到的信息改正每句话里画线的词语，把答案写在括号里。

请先阅读一下问题。

> 唐雪静：大家好，我是校报的记者唐雪静。今天我们有幸邀请三位嘉宾来跟我们一起讨论学生补习的问题。他们是12年级的学生张明、7年级学生的家长陈太太，以及我校的中文老师李小同老师。我们鼓掌欢迎他们。张明，你作为一名在校学生，是怎么看待补习的？
>
> 张　明：作为学生，我每天除了要应付堆积如山的功课，还需要花不少时间在课外活动、社区服务上。再加上补习，我每天都严重缺乏睡眠。
>
> 唐雪静：你觉得补习对你的人际关系有什么影响呢？
>
> 张　明：补习太多使我的精神压力过大，经常对朋友没耐心。如果哪天处理事情比较多，我会控制不好自己的情绪，偶尔也会跟朋友发生冲突，甚至大发脾气。
>
> 唐雪静：陈太太，您对补习有什么看法呢？
>
> 陈太太：我认为补习的好处不胜枚举！最重要的是，它不但对孩子的学业有帮助，也能够提高他们的自信心，能让他们的未来更有保障。
>
> 唐雪静：李老师，你同意他们的看法吗？
>
> 李老师：我个人觉得补习是一把双刃剑。一方面，对学习较差的学生来说，补习能让他们跟上学习进度；对成绩突出的学生来说，补习可以巩固课内知识，拓展课外知识。但另一方面，补习也可能导致学生形成"轻正课，重补习"的消极态度，甚至依赖补习。
>
> 张　明：我赞同老师的看法，我很多同学上了补习班后，上课时就会经常走神儿不听课。有时老师提出问题让我们思考，我还没想呢，他们就已经把答案说出来了，这让我很苦恼。当然，也有同学因为补习太多，常常开夜车，上课时就会犯困。
>
> 陈太太：嗯，我们作为家长，也是很纠结。不给孩子补习吧，看他们做作业时急得抓耳挠腮，很心疼；给他们补习吧，又怕花了冤枉钱，没效果不说，还让孩子压力更大。
>
> 唐雪静：是的。在选择是否要补习的时候，还希望大家慎重考虑。

练习四，问题 9

你将听到一段对年轻创业者的采访。

请听下面的采访，你将听到两遍，在唯一正确的方格内打钩（√）回答问题。

请先阅读一下问题。

主持人：李瑞女士，您好。现在重新回到大学校园，您感觉怎么样？

李　瑞：感觉非常好！六年前，第一次踏进校园时，感觉对每件事都很新奇，每天和同学们一起起床去上课，下课后大家不是忙着参加各种社团活动，就是出去约会，或者在宿舍看书。反正是很自由，也很轻松。但是现在不一样了，我知道自己需要学哪些知识，也知道哪方面能力还不足，所以每天更忙更累了，但是感觉学会了很多非常有用的东西。

主持人：这大概就是为什么很多人上学时想着以后再也不读书了，但是毕业工作一段时间后又想再提升自己，打算一边工作一边读书。那你大学是学经济贸易的吗？

李　瑞：不是，考大学时，我还没想好自己要做什么。父母让我选汉语言文学专业，说毕业后当个中文教师对女生来说挺不错的。我就听他们的了。

主持人：那你为什么大学一毕业就去经营茶叶生意呢？

李　瑞：我在大三上学期的时候去浙江实习，我发现那里的茶叶真的非常清香，而且价格很便宜。联想到我们在学跨文化交际这门课的时候，老师说虽然茶源自中国，但现在很多全球有名的茶产品却不是中国的，这让我觉得有点儿遗憾。所以，我下定决心要创立一个世界闻名的中国茶品牌。

主持人：那你创业遇到了什么困难吗？

李　瑞：在刚开始，最大的阻力就是我妈。她觉得我应该找一份教师的工作，又稳定又能多一点儿时间陪他们。创业太辛苦，不适合我。但是我爸就特别支持我，他认为现在实体经济越来越不行了，网络销售是个非常流行的新趋势，而且创业成本低。当然，创业过程很辛苦，我要去茶产地检验茶叶的质量，还要找设计师设计茶叶的包装，另外，我还要去海外开拓市场。我也一度想要放弃，但是凭着一股创业的热情，没想到短短两年时间，我的茶叶网店就达到了 100 万的销售额。

主持人：说起来容易，做起来难。没有那么多的付出，肯定不会有这么成功的事业。

李　瑞：对啊！其中的辛苦两天都说不完。我现在能做的就是在我读研究生期间，多学经商的专业知识，将来把我的茶叶生意做大。另外，我也代表中国新一代的年轻人自豪地告诉大家，我们是有创业精神、追求上进的一代。

参考答案

练习一，问题 1 至 6

1. 开心 / 高兴
2. 记者
3. 担心
4. 增加外卖（服务）
5. 学生会
6. 5 天 / 5 天 4 晚

练习二，问题 7(a)–(h)

(a) 有助于
(b) 疾病
(c) 头晕头痛
(d) 长寿
(e) 16%
(f) 成年人
(g) 精力
(h) 参考

练习三，问题 8(a)–(h)

(a) 社区服务
(b) 控制（自己的）情绪
(c) 自信心
(d) 拓展
(e) 消极
(f) 苦恼
(g) 犯困
(h) 心疼

练习四，问题 9(a)–(h)

(a) C
(b) B
(c) A
(d) B
(e) A
(f) C
(g) A
(h) B

听力模拟试卷（八）听力文本及答案

练习一，问题 1 至 6

你将听到六段录音，每段录音两遍。请在相应的横线上回答问题 1 至 6。回答应简短扼要。每段录音后会有停顿，请在停顿期间阅读问题。

录音 1：

男：最近一段时间，我的脖子疼得厉害。
女：你每天坐在电脑前长达 9 个小时，应该去锻炼一下了。
男：我还不到四十五岁，等我退休了再锻炼吧。
女：你怎么不听话呢，到时候你可别后悔啊！

录音 2：

好消息！好消息！为了庆祝五一劳动节，华联超市现举办优惠活动。从 5 月 1 日起，到 5 月 7 日，在华联超市 App 上购买商品，即可享受满 200 元减 20 元优惠，每位用户每日可参与 1 次。

录音 3：

男：美丽，我听说咱们经理安排了你负责这个重要的项目？
女：是啊，我也是刚接到通知。可是我以前很少接触这方面的业务，怎么办啊？恐怕我胜任不了啊。
男：我相信以你的能力负责这个项目完全没问题。
女：这个项目对公司这么重要，万一出了什么错，我肯定会被开除的。

录音 4：

您好，我想预订一间海景双人房。我们在 12 月 8 号入住，12 月 12 号退房。我们大概 8 号早上 10：15 到达，请问酒店提供早餐吗？另外，我还想知道酒店附近有没有商场，因为我的女儿喜欢购物。

录音 5：

观众朋友们好！今天的节目我们有幸邀请到了吴静雅女士。很多观众是听着她的歌长大的，但是大家可能不知道，其实她对于舞台剧也颇有研究，让我们一起来听听她的故事吧。

录音 6：

男：准备好了吗？我要开始录像了啊。

女：哎，再等一下。手上的动作完了之后，就开始甩头了，是吗？然后你说"1，2，3"，我们就跳起来，对吧？

男：是的，快开始吧。等一会儿就上课了。

女：我好紧张啊，我不想录了。

男：别紧张。我们已经练习很多次了，肯定一次就能录好。来吧，我相信上传到抖音后，肯定有很多同学喜欢，会给我们点赞的。

练习二，问题 7

你将听到一位银行理财师关于"月光族"的演讲。你将听到两遍。请听录音，然后回答问题。

请先阅读一下问题。

近年来，人们将那些把每个月赚的钱都花光的人叫作"月光族"。和父辈相比，"月光族"有着完全不同的消费观，他们的口号是"挣多少，花多少"。他们热衷于追求时尚，打扮新潮，想买什么就买什么，完全不在乎钱。花钱不只是表达了他们对于物质生活的追求，也是他们努力赚钱的动力。所以他们一直相信"能花钱，才会赚钱"的道理。可是，一旦面临突发情况，很多"月光族"就会陷入困境，不停地办信用卡、借网贷、向年迈的父母伸手要钱等。

如何避免自己成为"月光族"？第一，你要对每月的工资和零花钱做好规划。哪些方面必须要花钱，哪些方面需要节省，自己要非常清楚。第二，要避免冲动花钱。年轻人大都喜欢逛街或者上网购物，往往一买东西便很难控制，因此，在买东西前要先想好这次主要买什么，大概花多少钱。第三，记录每个月的收入与消费情况，一定要把花的钱控制在计划范围内。第四，大部分年轻人都爱社交，交什么样的朋友也会影响你。多交一些平时不乱花钱的朋友，少认识一些为面子而追逐名牌的朋友。做到以上几点，我相信你们就能避免成为"月光族"。

练习三，问题 8

你将听到一位记者讲述中国音乐家郎朗的故事。你将听到两遍。请根据听到的信息改正每句话里画线的词语，把答案写在括号里。

请先阅读一下问题。

郎朗，1982 年生于中国沈阳，是中国著名的钢琴家，也是联合国和平使者。他的祖父是大学音乐老师，父亲担任过二胡演奏员，家庭音乐氛围浓厚，因此他从小就对音乐产生了强烈的兴趣。

郎朗两岁半开始接触钢琴。因为热爱，小小的郎朗并不觉得练钢琴辛苦，反而乐在其中。在不断的努力下，年仅 5 岁的郎朗就获得了东三省少儿钢琴比赛第一名。

郎朗 9 岁那年在 3,000 多人的报考大军中，以第一名的身份考入了中央音乐学院附小钢琴科。13 岁时，他在日本获得了第二届柴可夫斯基国际青年音乐家比赛第一名。回国后，他并没有骄傲，而是继续苦练钢琴。1997 年，年仅 15 岁的郎朗就与 IMG 演出公司签约，开启了职业钢琴演出生涯。

郎朗的钢琴声充满了热情和奔放的旋律，是古典与现代结合的典范。他演出时会投入百分之百的专注，能与观众进行很好的互动。郎朗在 2003 年被美国《人物》杂志评选为"20 位将改变世界的年轻人"之一。郎朗是第一位与柏林、维也纳等一流乐团长期合作的中国钢琴家，也是在全球顶尖的音乐厅举办过个人独奏会的中国艺术家。2005 年 10 月 9 日，郎朗被邀请到白宫举行个人专场独奏会，成为首位到白宫演出的中国钢琴家。

郎朗曾经收到过很多更换国籍的邀请信，但他坚决表示不会换国籍。他说希望通过自己的努力，让全世界知道更多中国特色的音乐。

练习四，问题9

你将听到一段对国际学校张老师的采访。

请听下面的采访，你将听到两遍，在唯一正确的方格内打钩（√）回答问题。

请先阅读一下问题。

记　者：各位听众朋友，大家晚上好！欢迎大家准时收看《前线追击》栏目。随着互联网技术的不断发展，在线教学、在家办公已经成为一种新趋势。我相信很多父母都有居家办公的同时，陪孩子上网课的经历。今天我们有幸请到国际学校的张老师来和我们一起聊聊网课那些事儿。请问张老师，您的孩子也在上网课吗？

张老师：是的。作为老师的同时，我也是一名家长。我5岁的儿子在上幼儿园。说实话，在上网课之前，我一直都没有发现我的孩子居然有这么多学习问题。之前，他每天开开心心去上学，周末我们带他去植物园、动物园、博物馆等，一切都那么美好。等我自己在家亲自教他学习时，我才发现，其他小朋友26个英文字母全都会说了，从1数到100也是轻松自如，有些孩子还会10以内的加减法，而我的儿子只认识十几个数字。没想到在学习上落后了那么多，我可得趁这个机会好好给他补一补。

记　者：那您得需要花很多时间才能给他补回来，是吗？

张老师：可不是嘛。一边耐心教他，一边还要教自己的学生，忙得不可开交。

记　者：那您的学生怎么样呢？适应网课吗？

张老师：还好，我的学生不像小学生和初中生那样凡事都需要操心。他们马上要高考了，大部分都会刻苦学习，按照我的指导去做。学习进度并没有因为上网课而耽误。

记　者：那这么说，网课对学生来说是件好事了？

张老师：那也不一定。我还是会担心那些自制力差的学生。上完一个月的网课后，我发现总有几个学生不能按时交作业或者准时上网课，借口不是网络信号不好，就是电脑出现故障。而且每次找那几个学生回答问题时，总能看见他们的手飞快地按着电脑键盘。你以为他们在忙着记笔记，才不是，一问问题，什么都不知道。显然他们刚才没认真听课，可能在打游戏或做其他的。

记　者：再聪明的学生都骗不过老师，真是一点儿都不假啊！那相比于正常上班，上网课对您的生活有什么影响？

张老师：之前在学校上课，我都会提醒自己要在下午5点之前把工作做完，这样就可以兼顾到家庭了。但是，现在网课需要更多备课时间，对于上网课不认真、作业提交不及时的学生，还得联系家长多督促，这都占用了我很多时间。当然，我还得抽空来辅导自己的孩子做功课。等孩子睡了，我还要改作业、做家务，基本上每天凌晨两点才能上床，早上6点就又要起床了。

记　者：希望电视机前的学生们也可以体会到老师们的良苦用心，上网课时注意听讲，让老师多点儿时间休息。谢谢您接受我们的采访。

参考答案

练习一，问题1至6

1. 脖子疼（得厉害） 2. 5月7日 3. 担心/紧张 4. 十点一刻/10：15

5. 舞台剧 6. 上课

练习二，问题7(a)-(h)

(a)（完全）不同 (b) 热衷于 (c) 动力 (d) 零花钱

(e) 控制 (f) 收入 (g) 社交 (h) 名牌

练习三，问题8(a)-(h)

(a) 祖父 (b) 5岁 (c) 青年 (d) 互动

(e) 世界 (f) 长期 (g) 艺术家 (h) 全世界

练习四，问题9(a)-(h)

(a) C (b) A (c) C (d) C

(e) B (f) A (g) A (h) C

听力模拟试卷（九）听力文本及答案

练习一，问题 1 至 6

你将听到六段录音，每段录音两遍。请在相应的横线上回答问题 1 至 6。回答应简短扼要。每段录音后会有停顿，请在停顿期间阅读问题。

录音 1：

女：我们什么时候才能爬到山顶啊？

男：快了！你再坚持一下就到了。我刚才一直在数，我们已经爬了一千五百个台阶了。

女：我已经爬不动了，估计等我们爬到山顶，我的两条腿也快断了。

录音 2：

（微信语音留言）

妈，明天就是中秋节了，我发了一个微信红包给你，你快收下吧。上次端午节的时候，我忙着工作，忘记给你发红包，这次发了个大大的红包。虽然这次还是回不去，但春节我一定赶回去陪你。

录音 3：

家长 1：您女儿跟我聊天儿时告诉我，她大学毕业后想去当艺术家。

家长 2：我还是希望她将来能帮我管理公司。

家长 1：据我了解，她对旅游行业没什么兴趣。

家长 2：是啊，我也不能勉强她啊，只能尊重女儿自己的选择了。

录音 4：

欢迎大家来到小米公司智能送餐机器人——"花生"的产品发布会。"花生"是小米公司的最新科技产品，可以用在餐厅的点菜、传菜、支付等环节。今天我们就现场体验一下送餐机器人"花生"的服务。

录音 5：

很抱歉地通知各位读者，距离图书馆关门还有 10 分钟。请大家不要再继续阅读或者挑选图书了，请尽快到借书处完成借阅手续。20 分钟后，我们的电梯也会停止使用，请改走左侧楼梯。谢谢配合！

录音 6：

女：您好！我是百盛商场的客服，请问有什么可以帮助您的吗？

男：上个周末，我在你们商场买了 1 件毛衣，300 块钱。可是，昨天我同事告诉我，这周是你们商场 10 周年庆典，全部商品打八折。我觉得我这件衣服买贵了。

女：好的。我们也可以给您同样的折扣。请问您当时是刷卡支付吗？您多付的钱，我们可以直接退还到您的银行卡里。

练习二，问题 7

你将听到一位学生关于"城市环境更有利于孩子成长"的辩论。你将听到两遍。请听录音，然后回答问题。

请先阅读一下问题。

> 我方坚持认为城市环境更有利于孩子成长，主要有以下原因：
>
> 首先，城市发展水平高，拥有较多的科技产品。在这个科技时代，人们的生活离不开智能产品，生活在都市的孩子可以接触到五花八门的科技产品。这些都有助于青少年扩大眼界，紧随潮流，不会与时代脱轨。
>
> 其次，城市有优质的教育资源。随着城市的发展，学校会应用很多最新的教学理念和教学产品。优秀的教师一般也会选择留在城市，而不是去农村。相比之下，城市有更好的教学条件，更有利于培养学生。
>
> 然后，城市普遍重视家庭教育。"父母是孩子最好的老师"，城市的父母文化水平偏高，更重视孩子的教育，自然而然，会对自己的孩子要求比较高；但农村的留守儿童大都是与爷爷奶奶生活在一起，一直被过分宠爱着，在这种没有约束的情况下，孩子很难成才。
>
> 最后，城市的文化设施很齐全，比如图书馆、科技馆、博物馆等。生活在城市里的孩子经常接触到各种话剧、音乐会、体育赛事等文化活动，这些都是农村所不具备的。这些都可以使孩子得到全面发展。

练习三，问题 8

你将听到一段关于真人秀节目的访谈。你将听到两遍。请根据听到的信息改正每句话里画线的词语，把答案写在括号里。

请先阅读一下问题。

主持人：欢迎大家收看今天的《娱乐大话》。今天我们有幸邀请到电视节目制作人王可先生，来跟大家谈谈真人秀节目。

王　可：大家好！近几年，真人秀节目在中国非常流行。大家熟知的真人秀节目有湖南卫视的《我是歌手》《爸爸去哪儿》，浙江卫视的《奔跑吧兄弟》《中国好声音》等等。不管是哪个年龄层的观众，总能找到一档适合他们的节目。这些真人秀节目通常会邀请一些大牌明星参与，来提高节目的收视率。

主持人：王先生，为什么观众都喜欢看明星参与的真人秀呢？

王　可：明星给人的印象总是光鲜亮丽，离大众很遥远。对于观众来说，他们很想知道明星在现实生活中是什么样的人。而在真人秀中明星不是在演戏，他们要使用真实的生活语言、生活故事，甚至连情绪、反应都是真实的，这会让观众感觉更亲切。真人秀节目拉近了明星和观众之间的距离。

主持人：对了，我自己就很喜欢看《爸爸去哪儿》。您能谈谈这档节目吗？

王　可：《爸爸去哪儿》在前几年火遍中国。这个节目主要是让明星爸爸体验如何照顾孩子，陪孩子一起玩乐，一起成长。这个节目很有创意，而且内容也非常搞笑。这些节目把明星和他们的家人搬到电视屏幕上，就是为了让观众进一步了解明星的私生活，从而提高收视率。

主持人：除了让观众了解明星，户外类的节目是如何吸引观众的呢？

王　可：《奔跑吧兄弟》这个户外节目，通常会设置很多意想不到的挑战，让人觉得很有新鲜感。《奔跑吧兄弟》刚开始非常火，但是由于近期的节目情节设计老套、没有新意，现在收视率有点儿下降。

主持人：现代人生活压力大，而真人秀节目可以让人们纾解压力，放松心情。另外，真人秀节目或多或少都会传递一些积极正面的思想。谢谢王先生接受我们的采访。

练习四，问题9

你将听到一段对 Zoom 创始人袁征的采访。

请听下面的采访，你将听到两遍，在唯一正确的方格内打钩（√）回答问题。

请先阅读一下问题。

记者：仅仅两个月的时间，全球十大富豪的财富消失了1.4万亿多人民币。然而有位创业者的财富却急剧上升，那就是 Zoom 创始人，袁征。袁先生，很荣幸您接受我们的采访，请问现在 Zoom 有多少用户了？

袁征：我们的用户从去年 12 月份的 1,000 万人已经涨到现在的 4 亿了，我相信在接下来的一个月可能会突破 6 亿。

记者：那您觉得为什么 Zoom 比其他的视频会议软件更有优势呢？

袁征：别的视频会议软件有的功能我们都有，比如除了可以随时与人自由交谈，还能分享各种文件等。那别人没有的我们也有，比如我们的大型会议模式可以允许1,000人参加，还能把这一群人分成小组讨论的形式，另外还有非常受人欢迎的更换背景和美颜的功能。很多在家办公或者学习的人通过背景的设置和美颜功能，都能自信满满地来开会或者上课，不管你是躺在床上还是正在厨房煮饭，这点很方便。

记者：是的，很多女性起床后也省去了化妆的时间了。那您这些先进的理念是怎么来的呢？

袁征：Zoom 把用户体验放在第一位，为了了解用户的需要，我每天都会查看用户对 Zoom 的评论。他们说太复杂，我们就立刻想办法——通过一个按钮、一个链接，就能立刻开会。他们说视频通话需要很多流量，经常掉线，我们就立刻改进，哪怕信号下降到只有30%，Zoom 还能流畅地进行视频会议。我们也会给每个退订 Zoom 的用户发邮件询问哪里做得不好，我们会想方设法来改进。

记者：哇哦，难怪你们会成功。据说，您之前是网讯的高层管理者，薪水很高，管理 800 多人呢。为什么您会在事业成功的顶峰，突然要从头再来呢？

袁征：我从小就爱尝试新事物。1994 年，我在日本听了比尔·盖茨的演讲后就决定要去美国硅谷闯一闯。而且，我凡事都要坚持到底，我当时一句英语也不会说，光美国的签证就申请了 8 次，每次都失败，我就想，只要美国不永远拒绝我，我就永远申请下去。去了美国后，我真是吃尽苦头，边给别人洗盘子挣钱，边找工作。直到现在，我的员工还说我一刻都闲不下来。每当Zoom员工生日的时候，我都会邀请他们的家人来公司一起庆祝，吃喝玩乐，全部免费。

记者：怪不得很多人都说Zoom的员工幸福指数最高，都梦想着有一天在Zoom工作呢。

参考答案

练习一，问题 1 至 6

1. 很累
2. 春节
3. 尊重 / 不勉强
4. 餐厅 / 餐馆
5. 电梯
6. 同事

练习二，问题 7 (a)–(h)

(a) 离不开
(b) 接触
(c) 优秀
(d) 教育
(e) 宠爱
(f) 成才
(g) 文化设施
(h) 话剧

练习三，问题 8 (a)–(h)

(a) 中国好声音
(b) 现实
(c) 亲切
(d) 创意
(e) 家人
(f) 挑战
(g) 老套
(h) 正面

练习四，问题 9 (a)–(h)

(a) C
(b) B
(c) B
(d) A
(e) B
(f) C
(g) C
(h) C

听力模拟试卷（十）听力文本及答案

练习一，问题1至6

你将听到六段录音，每段录音两遍。请在相应的横线上回答问题1至6。回答应简短扼要。每段录音后会有停顿，请在停顿期间阅读问题。

录音1：

男：中午想吃什么？比萨还是饺子？

女：都可以啊。但是我还不饿。

男：现在已经12点了，外卖一般需要30分钟才能送到。估计到时候你该饿了吧。

女：好，那你现在订吧，我想吃汉堡和薯条。

录音2：

亲爱的顾客朋友，为了回报新老顾客，本超市正在进行全场9折的优惠活动。另外，消费超过300元的顾客，还会收到一张礼券，价值50—100元不等。消费超过500元，除了有礼券，还会有一次抽奖机会。祝大家购物愉快！

录音3：

学生：老师，我还是没听懂。

老师：王明，这句话我已经讲了两遍了，用很简单的中文解释了一遍，又用英文翻译了一遍，英文的意思我也写在白板上了。你到底哪里不明白啊？

学生：您可以再重复一遍吗？

老师：不好意思，我想还是等下了课，你再问我吧。其他同学都明白了，我们不能这样浪费时间。

录音4：

王经理，我已经把我的辞职信放在您的办公桌上了。谢谢您这么多年对我工作的支持！我辞职并不是对工作不满意，就像我之前跟您说的一样，为了以后更好地工作，我想先休息一年，这一年可能去旅行，也可能会再读一个研究生学历。希望能得到您的理解。

录音 5：

医生：李小姐，这是你的体检报告。你有点儿低血压，体重也有点儿轻。你在减肥吗？这会让你的抵抗力下降的。

病人：对啊。抵抗力下降就是容易生病，对吧？那没事，只要瘦就可以了。我最讨厌别人说我胖了。

医生：不行。低血压会让你头晕、头疼、失眠，长期这样，记忆力会变差，心情也会变得烦躁的。

录音 6：

对于这次义工活动，我想做个简短的总结。感谢大家这么有爱心，一直积极地帮助照顾老人。特别是李祥同学，干活儿不怕脏，垃圾基本上都是他去扔的。另外，也感谢王伟和志杰，他们的歌唱表演太精彩了。我相信他们肯定练习了很长时间，要不然老人们不会鼓掌那么久的。最后，我还想表扬一下陈冰和王小雨同学，看到你们跟老人聊得那么开心，我觉得很感动。谢谢大家的付出！

练习二，问题 7

你将听到一位心理辅导员关于原生家庭的演讲。你将听到两遍。请听录音，然后回答问题。

请先阅读一下问题。

> 人一生中多数会有两个家庭，第一个是我们出生后与父母一起生活的家庭，这个叫作"原生家庭"。第二个是我们长大成人后，与另一半组织的新家庭，叫"新生家庭"。
>
> 近日，随着电视剧《都挺好》的热播，原生家庭的问题越来越受到人们的关注。特别是那些年龄介于 25 岁到 40 岁之间的中青年，有的人小时候的原生家庭不幸福，给他们的心理留下了很多伤害。所以每次工作或者生活有些不顺利的时候，他们就会对身边的人大发脾气。也有人因为无法处理原生家庭带来的心理伤害，一直感受不到幸福，因此患上严重的抑郁症。
>
> 当原生家庭对孩子造成伤害时，多数看起来很微小，比如因为表现不好打骂孩子等，但是如果处理不当，对孩子的影响却是一生的。很多年轻父母还没做好

准备就结婚生子，根本不知道怎么教育孩子，一有问题不是打就是骂。另外，也有些父母因为工作原因对孩子的关心很少，孩子的想法和感受经常被忽略。

儿童教育专家建议，原生家庭造成的伤害只有通过孩子自己原谅父母的过失，接受自己的不完美才能被治好，否则他们可能一生都难以快乐起来。

练习三，问题 8

你将听到一位记者讲述网络主播李佳琦的故事。你将听到两遍。请根据听到的信息改正每句话里画线的词语，把答案写在括号里。

请先阅读一下问题。

晚上 6 点 40 分，李佳琦正忙碌地在直播间走来走去，不停地跟工作人员讨论要直播的产品细节。6 点 45 分，直播间内传出了饭菜的香味。对于每天凌晨 4 点才能上床睡觉的李佳琦来说，这是他的第二顿饭。7 点，前一秒还很安静的李佳琦，立刻变得兴奋起来，对着摄像头热情地跟粉丝们打招呼，然后开始了一天最重要的时刻——直播卖东西。

2018 年是李佳琦最难的一年，365 天内直播了 389 场。不懈的努力，让年仅 27 岁的李佳琦拥有了 2,000 多万粉丝。他在 2018 年成功挑战"30 秒钟涂口红最多人数"的吉尼斯世界纪录，至今没有人赢过他，因此被称为"口红一哥"。

他的成功是靠多年努力换来。2015 年，大学刚毕业的李佳琦只是一个卖化妆品的销售员。因为他愿意为那些想买化妆品，但是又不愿意试用的人来把化妆品涂在自己的脸上，所以他经常是销售第一名。很多顾客都对他推荐的产品很信任，他也会为顾客亲自试用新产品，确定效果好，才会推荐给顾客。

2017 年他正式成为一名网络美妆销售达人，凭借着出色的工作能力，基本每天都会有 1,000 多万粉丝观看他的直播。2019 年，年收入将近 2 亿的李佳琦入选了"2019 福布斯中国 30 岁以下精英榜"。

他曾说，我不是明星，也不是网红。我只是想推荐好用的化妆品、好吃又健康的食物，以及省时省力的生活用品给需要的人。然而，他并不是只专注于赚钱，他也不断地捐款给慈善机构，甚至将自己最爱的小狗送去做治愈犬，希望自己的小狗也能做善事。此外，他还不停地用自己的故事激励年轻人要努力工作，他也让更多的人知道只要踏踏实实做好自己的工作，一定会有成功的那一天。

练习四，问题 9

你将听到一段对"福建省十大杰出人物"张大卫的采访。

请听下面的采访，你将听到两遍，在唯一正确的方格内打钩（√）回答问题。

请先阅读一下问题。

记　　者：张先生，恭喜您！您是第一个获得"福建省十大杰出人物"奖的美国人，我看到很多媒体都在报道这件事情。

张大卫：我可以纠正一下吗？我现在是中国的永久居民，而且是第一个拿到中国永久居民身份证的外国人。我来中国厦门已经30多年了，我比很多中国人更了解中国。每当别人叫我老外时，我都会跟他们说，请不要叫我老外，应该叫我"老内"。

记　　者：您真的是风趣幽默。您当初为什么会来中国呢？

张大卫：30多年前，我在美国无意间看到了一篇报道中国的新闻，我就想来看一看中国是什么样子的。当然，我的家人都不太支持我，我的朋友中也没有一个人是赞同我这样做的。可是我觉得，任何事情都要自己亲自去体验一下，才会知道真相是什么。但是谁能想到，一来就在这儿待了30年。

记　　者：感谢您这30年的付出。您在厦门大学担任教授的这30年，为中国的经济管理和国际贸易的学科发展做出了很大的贡献。听说，您总是辛勤地工作，把您一生学到的知识都编成课本，教给一届又一届的大学生。很多人都说，您经常加班，工作量是其他老师的1.5倍。真是很难得！

张大卫：客气了。在我看来，这些都很值得。中国经济发展迅速，但是如果没有先进的经济管理理论做指导，很难发展起来。这几十年来，我见证了中国从贫穷落后，快速地发展到现在的繁荣景象。我很开心。

记　　者：是的，20世纪90年代中国的经济管理学基本上是一片空白，是您帮助我们把课程从无到有设立起来，也是您把很多国外知名的管理实例分享给我们。那除了教书，您有什么爱好吗？

张大卫：我平时一有空儿就会去海边捡垃圾，虽然我一个人不能改变环境污染的问题，但是环境污染与我们的生活密切相关。有时我在捡垃圾，就会看到很多人也跟着我一起捡垃圾，这让我很感动。所以，一般到了周末，大家都找不到我，因为我会去很多海滩。这个习惯保持了很多年了。

记　者：您真的是很让人佩服。据我所知，您还积极地给边远地区捐款，帮助他们建学校。虽然您不能亲自去那里教书，但是每个月都会从工资中拿出一部分钱来资助一些贫困儿童。确实是一位当之无愧的杰出人物！

张大卫：谢谢你的鼓励，我能得这个奖，也很高兴啊！因为更多人知道后，也会学着这么做。我的儿子就是例子，他和他的妻子从医科大学毕业后，就去非洲做义工了，在那里他们也遇到很多中国人帮助非洲人建铁路等等。这就是爱的传递吧。

参考答案

练习一，问题 1 至 6

1. 12：30
2. （一张）礼券
3. 生气 / 不耐烦
4. 旅行
5. 减肥
6. 很好 / 精彩

练习二，问题 7 (a)–(h)

(a) 出生
(b) 关注
(c) 不顺利
(d) 幸福
(e) 一生
(f) 教育
(g) 感受
(h) 不完美

练习三，问题 8 (a)–(h)

(a) 兴奋
(b) 27
(c) 大学
(d) 推荐
(e) 入选
(f) 明星
(g) 赚钱
(h) 故事

练习四，问题 9 (a)–(h)

(a) A
(b) B
(c) C
(d) A
(e) B
(f) B
(g) C
(h) C

听力模拟试卷（十一）听力文本及答案

练习一，问题1至6

你将听到六段录音，每段录音两遍。请在相应的横线上回答问题1至6。回答应简短扼要。每段录音后会有停顿，请在停顿期间阅读问题。

录音1：
丈夫：哎呀，现在都9点5分了，我上班要迟到了，你还不快点儿。
妻子：你别紧张！现在才8点半，时间还早着呢。
丈夫：哦，原来咱们家挂钟停了啊。

录音2：
我知道我们常年生活在热带，没有四季，只有夏天，很多人很想去日本、俄罗斯等地方体验一下冬天，经常忍不住把空调温度调到19℃，虽然外面26℃的常温很适宜睡眠，可是对那些人来说，盖着厚厚的被子吹着冷冷的空调能让他们感觉更放松。岂不知这样做，既浪费电，又特别容易感冒。

录音3：
男：听说你看了最近的热播剧《安家》，我还没有时间看，这部电视剧怎么样？
女：我觉得挺不错的，这部电视剧反映了很多社会问题。
男：是吗？我在网上看到一些评论说，剧情有点儿无聊。
女：我觉得好不好别人说了不算，你自己亲自去看一下才行。
男：嗯！说得对。我打算在这个国庆假期好好儿看看。

录音4：
（微信语音留言）
爸、妈，你们寄给我的粽子已经收到了。明天就是端午节了，我们公司要加班，我这次赶不回去看你们了。本来打算在网上给你们买一些营养品，但是我最近实在太忙了，就给你们发个大红包吧，希望你们开开心心地出去吃顿大餐。

录音 5：

女生：王伟，咱们这期《中文热》电子杂志什么时候能发行啊？已经有好几个同学在问了。

男生：不好意思，这期杂志本来应该这个月底与读者见面，但是由于一些图片版权问题没有解决，估计得到下个月月初了。

录音 6：

女儿：爸，6月考完试之后，我和几个朋友打算来一次毕业旅行，我们计划去西藏探险。

爸爸：你才刚刚满16岁，几个女生单独去旅行不安全啊。你没有看到前几天的新闻吗？几个年轻人爬山探险，最后在山里迷路了。

女儿：爸，你还不了解我吗？我的户外生存能力很强的。以前，我不是也经常和你一起去户外探险吗？

爸爸：看来，我说什么也没有用了。

练习二，问题 7

你将听到一段有关中文电影《哪吒之魔童降世》的介绍。你将听到两遍。请听录音，然后回答问题。

请先阅读一下问题。

> 提到神话人物，人们熟悉的除了有神通广大的孙悟空，还有三头六臂的哪吒。一提到哪吒，人们脑海中就会出现一个身上穿着红肚兜，头上系着两根红头绳，脚下踩着风火轮的小英雄的形象。在中国的神话故事里，神话人物多数是成年男性，但是哪吒却是一个看起来很可爱的小男孩儿。
>
> 2019年7月，动画电影《哪吒之魔童降世》开始在中国各大电影院上映。这部电影一上映就取得了空前的成功，创下了多个动画电影票房纪录。与传统神话故事里的哪吒不一样，这部电影讲述了一个全新的哪吒出生和成长的故事。因为一位神仙的粗心大意，哪吒本来应该是备受人们敬爱的大英雄，结果却变成了伤害人们的大魔头。在他刚出生的时候，人们怕他长大后会害人，就要把他杀死，但是他的父母向人们保证，会一直把他关在家里，不让他出门，所以他才没被杀死。他就这样慢慢地长大了，但是不管怎么努力做一个好人，人们还是会认为他就是个大魔头，会害死他们，人们对他有很强的偏见。

这部电影让我们意识到，很多时候我们都被偏见影响着，别人说什么我们就信什么，这会让很多人受到强烈的同伴压力和社交压力。这部电影也反映了现代社会很多父母忙于工作，没有时间陪伴孩子的问题，引起了很多父母的思考。

练习三，问题 8

你将听到两位电台主持人关于新型旅游方式的介绍。你将听到两遍。请根据听到的信息改正每句话里画线的词语，把答案写在括号里。

请先阅读一下问题。

男：亲爱的听众朋友，早安！欢迎收听《南城都市》，我是主播文杰。

女：我是淑仪。嗨，文杰，今天我们要分享新型的免费旅游方式，对吧？

男：是的。既不用花钱，又能深度旅游，这种新型免费旅游方式能让你在放松身心、纾解压力的同时，还能成为时尚旅游达人，难道你不想试一试？

女：你说的不会是背包客吧？那个我知道，就是自己上网搜索旅游地的信息，然后背上双肩包就出发了。我不是很喜欢，吃住行玩都需要自己安排，挺麻烦的，而且也存在一些潜在的危险。

男：当然不是啦，你耐心听我说，首先我要介绍的是"换房子旅游"，也就是你在网站上寻找你要去的城市，上面就会有很多家庭把房子交给你，你可以和家人或者朋友免费去住，另外，房子的主人也会给你一份非常详细的当地旅游指南。作为免费的条件，你出去旅游时，也得把你的房子交给其他旅游的人。如果换房子旅游不适合你，你可以考虑"农场旅游"，也是在网站上找一个你喜欢的农场，农场主会提供食物和住宿，你只需要每天去农场工作两三个小时就可以了。对于喜欢喂马劈柴、采摘水果或者挤牛奶的人来说，会是一个非常不错的体验哦！

女：这个是我喜欢的，那我工作两三个小时后就可以出去玩了，对吧？

男：是的。除此以外，我还有一个，那就是"游轮旅游"。

女：那肯定就是在游轮上做兼职，然后顺便旅游了，是吧？

男：聪明！就是这样的。你可以选择工作的时长，如果你工作达到一定的时间，不光能坐游轮吃喝玩乐，还可以赚点儿零花钱。如果你不想太累，选择每天做两个小时就差不多了。另外，在游轮上有不同的职位可以选择，比如有客房的清洁工,也有餐厅和酒吧的服务员等,总有一份工作适合你的。

女:太好了,听众朋友们,我已经迫不及待要请假来一场说走就走的旅行了,你呢?

练习四,问题9

你将听到一段记者对美籍华人王教授的采访。

请听下面的采访,你将听到两遍,在唯一正确的括号内打钩(√)回答问题。

请先阅读一下问题。

记　者:您好,王教授。欢迎您回到自己的家乡!对咱们家乡,您有什么想说的吗?

王教授:我想说回家的感觉真好!以前我年轻的时候,总是在想外面的世界是什么样子的,我努力地学习,申请奖学金,就像鸟巢里的小鸟一样,迫不及待地想要飞出去看看这个世界有多大,有多么精彩。但是到了中年,我就常常忍不住要回家乡看看,并且住上一段时间。等我再回去的时候,我就好像充满了电一样充满活力。直到现在,我老了,再好的地方我也不想去了,就只想回到这个生我养我的地方。

记　者:那这个地方对您来说,是一个完美的地方吗?

王教授:不是的。我得承认,它是我最爱的家乡,但是它也存在很多问题。首先,它的经济不像北京、上海一样发达,这导致很多年轻人不愿意来这里工作,而且本地的年轻人很多也跑去大城市工作了。另外,环境污染的问题,我觉得政府部门应该尽快解决,人们的环保意识不是很强。人们得学会从生活中的小事做起,比如平时注意不要浪费食物、纸张和塑料袋等等。这里离上海不远,坐高铁也就30分钟,现在上海的垃圾分类做得非常好,我们这里可以说是上海的邻居,要多向上海学习。

记　者:很有道理。那如果可以选择,您会去上海生活吗?

王教授:肯定不会。对我来说,这里就是我的"母亲",每个母亲都有不完美的地方,我不能因为这样就不爱她了呀。我在国外生活了几十年,世界上有名的大城市我基本都去过,而且生活过。但是家乡才是让我感觉最舒服的地方。我走在路上,总是会遇到跟我一起长大的老朋友,还有老邻

记　者：居，偶尔到我的亲戚朋友那里坐坐，吃个午饭，聊聊天儿，真的让我感觉生活很美好。我现在终于明白，家乡对于一个人来说意味着什么了。
记　者：据我了解，您的事业非常成功，还获得了诺贝尔奖，这是很多人做不到的。像您在国外那么成功，是什么事情让您下定决心回国的呢？
王教授：有两件事。第一件是20年前，我父亲生病，我回国看他的时候。那是我第一次想回国，因为我要好好照顾我的父母。第二件就是我妻子去世后，我很孤单。因为年轻忙着事业，在国外没有太多好朋友，子女都大了，也不在身边，我就很想念我在国内的亲人和朋友。所以从那之后，我就决定60岁就要回到自己的家乡。

参考答案

练习一，问题 1 至 6

1. 8点半 / 8：30
2. 19（摄氏度）
3. （挺）不错（的）
4. （大）红包
5. 这个月底
6. 无奈

练习二，问题 7 (a)–(h)

(a) 神通广大 (b) 成年 (c) 动画 (d) 成长
(e) 保证 (f) 努力 (g) 社交 (h) 忙于工作

练习三，问题 8 (a)–(h)

(a) 分享 (b) 时尚 (c) 麻烦 (d) 当地
(e) 每天 (f) 兼职 (g) 零花钱 (h) 餐厅

练习四，问题 9 (a)–(h)

(a) B (b) C (c) B (d) B
(e) C (f) A (g) B (h) B

听力模拟试卷（十二）听力文本及答案

练习一，问题1至6

你将听到六段录音，每段录音两遍。请在相应的横线上回答问题1至6。回答应简短扼要。每段录音后会有停顿，请在停顿期间阅读问题。

录音1：
各位同学，现在十一点一刻，距离考试结束还有15分钟。但是现在还不能提交试卷，等考试结束才能交。请没有做完的同学抓紧时间，做完的同学再检查一下。

录音2：
女：今天我们终于吃到这家广东菜了，很多广东人都说这家饭店做的广东菜最地道。
男：我觉得网上的评论不太真实，我作为一个地道的广东人，觉得这家的菜一般。
女：下次你来推荐一个更好的吧。

录音3：
根据一项关于网络购物满意度的调查，91.8%的网购用户对今年的网购体验表示基本满意或非常满意，与去年基本差不多，8.1%的人表示一般，仅有0.1%的人表示不满意，不满意率较去年降低0.3%。从不同群体看，受教育程度高的人和年轻人满意度更高。

录音4：
各位观众朋友，大家上午好！今天是6月12日，星期四。欢迎大家收看今天的天气预报。今天我市的最高气温是23摄氏度，最低气温是10摄氏度。明天有降雨，同时也会出现降温，请大家注意保暖。预计后天上午天气会转晴，气温也会有所回升。

录音5：
男：昨天晚上的足球比赛你看了吗？
女：我昨天加班，只看了下半场的比赛，不过，真的很精彩。

男：我简直不敢相信，向来很厉害的利物浦队居然输给了一个不知名的球队。
女：这有什么好大惊小怪的，球场如战场，总会有输有赢的。

录音6：

女儿：爸，你在忙什么呢？端午节不是还有十几天才到吗？
爸爸：大后天是我和你妈妈的结婚纪念日，都30年了，我要给你妈一个大惊喜。
女儿：哦，原来是这样啊。需要我帮你出出主意吗？
爸爸：那也好！你看我准备的这些礼物怎么样？

练习二，问题7

你将听到一段有关新加坡年轻人做义工的介绍。你将听到两遍。请听录音，然后回答问题。

请先阅读一下问题。

> 在新加坡，越来越多的年轻人参与义工活动。据统计，青年义工人数在过去一年内增加了八成，达到22,000人。他们最关注的群体是老年人、弱势儿童和外国劳工，这一直以来都是比较热门的义工服务领域。
>
> 近几年，也有很多年轻人开始投身环境保护的义工服务中。此外，到海外做义工也很受欢迎，过去三年，累计有14,000多年轻人参加。到国外当义工，对年轻人来说非常有意义，不仅能让他们了解异国他乡的文化与风俗，还给了他们独当一面的机会，学习如何在异国环境之下解决难题。
>
> 社区服务提供了社交和互相关怀的机会，促进了人际交往，拉近了彼此之间的距离。年轻人做义工，在把欢乐带给需要照顾的人的同时，也让他们的内心世界变得更加丰富多彩。
>
> 当义工对学生们来说是一个挑战，要兼顾学业和义工活动并不容易，不仅需要坚定的信念，也需要有效的时间管理。尽管如此，还是有很多学生愿意利用假期为不同的群体献上爱心。

练习三，问题 8

你将听到一段关于极限运动的介绍。你将听到两遍。请根据听到的信息改正每句话里画线的词语，把答案写在括号里。

请先阅读一下问题。

每次当你看到别人玩滑板时，你会觉得他们很酷吗？其实，滑板只是极限运动中很常见的一种，除此之外，还有酷跑、攀岩、极限单车等。极限运动是一项难度非常高、挑战性非常大的运动。人们通过尝试各种高难度的动作来突破人类身体和心理的极限。因此，多数的极限运动非常刺激，比如近些年非常流行的酷跑。酷跑玩家不仅要跑得很快很灵活，而且还要越过各种障碍。如果他们跑的时候前面有一面墙，那么他们绝不会停下来，而是直接翻过去。他们会在大楼或者房屋之间跳来跳去，那看起来真的很酷。

极限运动之所以流行，是因为一方面，随着生活与工作压力增大，人们需要寻求刺激来释放压力；另一方面，对于一般性的刺激和享受，人们习以为常了，这时便会开始追求更为强烈的刺激，从而获得所需要的感觉。而极限运动的兴起，正好满足了人们对这两方面的需求。

极限运动的方式有很多，但是目标只有一个，那就是"更高、更快、更强"。当玩家们完成一项很有挑战的极限运动时，他们自己会觉得很有成就感。在那之前，他们并不确定自己是否能做到，所以玩极限运动让很多人发现自己原来可以这么强大。因此，极限运动深受年轻人的喜爱。

但是极限运动并不适合所有人，它对身体素质的要求特别高。如果你的身体不够强大，那极限运动并不适合你。哪怕简单地尝试一下，也有可能会让你受伤。

一些社会学家认为，极限运动是一种人与大自然互相尊重的运动方式。现在人们每天都是早出晚归，忙于学业或事业。当你有一些休闲时间时，不妨放下手机，到户外进行一次冲浪、酷跑、攀岩等活动，这些都会让你融入大自然当中去，也能使你放松身心、纾解压力。

练习四，问题9

你将听到一段家用电器销售员与顾客之间的对话。

请听下面的对话，你将听到两遍，在唯一正确的括号内打钩（√）回答问题。

请先阅读一下问题。

销售员：请问有什么可以帮您的？

顾　客：我想买一些既方便又好用的电器，最近听朋友提到一些新的智能电器，所以就过来看看。我听说"蓝猫精灵"很好用，你可以给我介绍一下吗？

销售员：没问题，请看，这就是"蓝猫精灵"。它可以帮您打开电视机、空调、灯、电饭锅、音响等，当然，也可以帮您关掉这些电器。只要您开口说"蓝猫精灵，请帮我打开厨房的灯"，它就会控制厨房的电路，把灯打开。

顾　客：很好，我想买一个，等会儿你再教教我怎么安装。除了这个，我还想买一个帮我折衣服的电器。

销售员：好的，就是这款。它很轻便，人们一般把它放在洗衣机旁边，衣服烘干之后，把衣服一件一件地放进去，它就会帮您都折好，然后您直接把折好的衣服放进衣柜里就可以了。哦，对了，我们还有一款懒人洗澡机，您有兴趣看一下吗？

顾　客：你是说用这个帮我洗澡吗？

销售员：是的，您只要躺进去就可以了。而且，还有温水按摩、擦干、涂抹润肤露的功能。另外，它还可以播放音乐。想一想，工作完回到家还要做家务，是不是很累啊？那么这款懒人洗澡机不仅可以帮您缓解身体的疲劳，还可以让您放松心情、纾解压力呢！

顾　客：听起来很不错，但这款懒人洗澡机应该很贵吧？

销售员：嗯，价格当然不便宜，但是比起花钱去做按摩，我觉得它是划算的。现在我们店刚好做促销，这款机器现在5,988元，加上您前面要买的电器，刚好超过10,000元。超过10,000元，我们就会赠送您一台价值2,600元的洗碗机。这款洗碗机超级省水省电，还有3年的免费维修服务，非常值得拥有。

顾　客：你太会推销了！我感觉这三个电器我都想要。其实，我还想买一台炒菜机。你说得很对，每天做完家务，我真是累得一点儿力气都没有了。其中最花时间的就是煮饭，不仅要洗菜、切菜，还得煮很久。你们有没有一个多功能的炒菜机啊？

销售员：当然，旧款的炒菜机只负责炒菜，而且一次只能做一个菜，还要等很久，目前最新款的炒菜机就非常贴心啦，您直接把菜、肉、鸡蛋放进去就好了，它会自己洗，按照需要切好，而且一次可以出三个菜一个汤，全程30分钟就搞定了。它就放在我们店的大门口，来，我们过去看一下吧！

顾　客：好的。想想就觉得兴奋，感觉以后做家务就没有那么可怕了。我今天要全部了解清楚，一起下单，你得多给我打点儿折扣。我想我的朋友们应该也都想买这些家庭"神器"，以后我给你多介绍一些客户来。

销售员：谢谢您。放心吧！我一定会给您最便宜的价格。

参考答案

练习一，问题1至6

1. 11点30分/11点半	2. 一般	3. 0.3%	4. 星期五
5. 惊讶	6. 结婚纪念日		

练习二，问题7(a)–(h)

(a) 80	(b) 老年人	(c) 海外	(d) 关怀
(e) 内心世界	(f) 难题	(g) 学业	(h) 时间

练习三，问题8 (a)–(h)

(a) 挑战性	(b) 灵活	(c) 感觉	(d) 目标
(e) 确定	(f) 身体	(g) 社会学家	(h) 冲浪

练习四，问题9 (a)–(h)

(a) C	(b) B	(c) B	(d) C
(e) B	(f) B	(g) A	(h) C

扫码听音频